片付けてるのに片付かないので、東大卒の整理収納アドバイザーに頼んだら部屋が激変した

整理収納アドバイザー 米田まりな
漫画 もなか

大和書房

プロローグ
とあるアプリ制作会社——
ワコさーん ちょっと いいかい
あ
ガタッ！
はいっ！
ワコ
マーケティング部所属
——きた！
ずっと目指していた マネージャーの ポジション
人事部長 直々のお達し…！
ついに… ついに私にも 昇進の辞令が…っ

ペコッ
こちらは城崎さん
えっ
4月から当社のマーケティングマネージャーとして入社してもらうことになった
んっ?
私じゃなくて⁉
あれ〜?
元々外資系メーカーのP&D社でマーケターをされていて社長のご親戚だ
女性同士仲良くしてくれな
パァッ
ワコさん明るくて楽しい方って聞いてますよ〜
よろしくお願いしますね!
あ…

よっ……
よろしくお願いします！
何でも聞いて下さいっ
頼りにしてますねっ
おっかれー
おっかれさまです
コッ
コッ
うううー
そんなそんなそんな…
なんのために毎日残業して
家事なんてする時間もなくて……
わーっ
もう出なきゃ！
ばたばた
そういえば、部屋…
今朝ぐちゃぐちゃなまま出てきちゃったな……
ごちゃ〜
──あぁもう
今日は家に帰りたくない！
こんなときは！
かくなる上は！

何かオシャレな服とか
素敵なコスメとか
美味しいスイーツとか
なんでもいいから
買って発散でも
しなきゃ――
はっ.
だめだ――!
カードもこないだ
利用額上限
超過しちゃって
たんだった!
※このカードは現在
使用できません
やだもう私…
コッ
コッ
コッ…
人生何もうまく
いってない――……
ドン
わっ!
あっ
こめまり先輩!
ごめんなさい!
ぼーっとしてました
いや
いいけど
おつかれー
――あれ?
こめまり
ワコの先輩(実は東大卒)。
副業で整理収納アドバイザーをしているらしい

なんか
ワコちゃん
顔色悪いけど
大丈夫…？？
ぐっ
せんぱ
いい……
およ…
何だ何だっ
ん？
どした？
実は～……
カラ
コロ…
はっ！
ぱちっ
あたまいったぁ
のみすぎた……
むくり…
そうだ
ここは…

明鏡止水
こめまり先輩のお家…
朝日が…
キレイ
ぐーっ
先輩の部屋 余計なものが 何ひとつない…
こっ
これが……東大式の片付け術……!
―私…
こんな風に暮らしたい!!
わーっっ
ずるっ!
ポロッ
ノワーっ!

も〜〜っ
びっくりさせるな〜!
ようやく起きたかっ
先輩!
おっ
副業で片付けを教えているって言ってましたよね…!
ばっ
お願いです! 私に片付け教えてください!!!
インスタで話題の収納グッズは一通り試したし部屋が垢抜けるよう雑貨だって厳選してるんです!
でも憧れの部屋には程遠くって…
週末に一念発起して片付ける時もあるんですけど!
…数日でまた元どおりになっちゃってぇぇ……
Why…!

片付けられ
ない自分が
嫌になり
そうです…
フム…
なるほどね……
すくっ
うん.
よしっ!
わかったわ
教えましょう
リバウンドのない
課題解決型片付け術!
ただし指導料は…
頂きますよ?
一応、プロなんで!
先輩…!!
……出世払いで
お願いします〜!
どげざっ
オイ!!

登場人物

ワコ

IT企業で、マーケティング職に奔走中。毎日残業続きで、家事は後回し。趣味はショッピングと女子会で、一人時間ではアイドル村下くんの推し活を満喫中。

こめまり

ワコの職場の先輩。副業で整理収納アドバイザーをしている。東大卒の経歴を活かした、リバウンドのない片付け術に定評あり。趣味はお笑い鑑賞。無駄遣いにうるさい。

城崎

ワコの新しい上司として入社してきた女性。仕事上では貫禄たっぷりだが、プライベートでは意外な趣味を持っていて……？

お部屋紹介

Wako's room

Komemari's room

『片付けてるのに片付かないので、
東大卒の整理収納アドバイザーに頼んだら部屋が激変した』 もくじ

第4章 「クローゼット」が、片付かない！

第4章 「クローゼット」が、片付かない！

第5章 「キッチン」が、片付かない！

第 1 章

片付かないのは、何が原因？

片付けは、仕組みが９割！

ここがワコちゃんのお家か～
ちょっと残業続きでえっと～
先輩こっち！こちらに！どうぞ！ソファの方はキレイにしたんで！
それではこめまり先輩！
片付けの極意についてレクチャー…
よろしくお願いします！
押忍！
まずは片付けの定義からいきますよ
片付けは3つの行動の総称を指します
片付け
＝
①整理＋②収納＋③整頓
先輩
この3つの言葉はどう違うんです？

①整理はモノの意味に向き合い
グルーピングをすること
②収納はモノの意味に応じて
最適な住所、定位置を決めること
③整頓はモノを使ったら
定位置に戻すこと
キレイな部屋を維持するには…三位一体！
どの過程も欠かすことができないね
片付け
うーん…
私は…この3つの中だと…

「③整頓」が超苦手！
やらなきゃって思うのに、出したら戻せない……
忙しかったり疲れていると
定位置に戻す気にならないんだよなぁ…
1日目
一念発起！
今日から片付け頑張るぞ！
せっせっせっせっ
2日目
仕事で疲れたけど
ふうっ
気合でやりとげた！
偉いぞ私！
3日目
深夜まで残業で気分最悪！
片付けは明日に回そ～
ばさっ
放置！
ぽいぽい
は～～
ご自愛ご自愛っと…
そして負のループのはじまりが…
あ――……
～FIN.　片付け終了のお知らせ～

「③整頓」が苦手な人こそ 気合で解決しようとせず
土台が大切!
③整頓
②収納
①整理
「①整理」と「②収納」を丁寧に行って 仕組みで解決しよう
「頑張らないとキレイな部屋がキープできない」のは…
持ち物が多すぎたり 定位置がイマイチだという証拠です
ざんねんながら…
くっ…
確かに……
散らかりを隠すことに精一杯で…
モノの意味や定位置って ちゃんと考えたことないかも…
ああ…
とりあえずっ
ぎゅっ!
見えなくなればヨシ!!
原因の検証・改善なく何度も片付けても時間の無駄だからね 挫折を繰り返すと片付け自体が嫌になっちゃうよね
あと、「一気にキレイにしよう」というのも失敗のもとだね
えっそうなの!?

1セット
20分間
今日はデスク周りのチェック！
「持ち物を全部出して1点ずつと向き合う」
という作業を筋トレのように繰り返そう
ダイエットと似ていて、1ヶ月経過した頃から
徐々に変化が表れるよ
ぐぅ…
ダイエットも続いたためしがない～…
コツコツ続けるのが無理な人はどうすれば…？
ほら、私って仕事とか色々忙しいじゃないですか…
ほう…？
ワコちゃん？
スマホの「スクリーンタイム*」見せてみな…
は
今週のSNS視聴時間11時間
動画視聴時間13時間……

＊スクリーンタイムとは、iPhoneの使用時間をアプリ、カテゴリごとに表示できる機能で、設定よりプリセットで見ることができる。アンドロイドスマホでは「Digital Wellbeing」という名称で同機能がある。

ほぉら
「20分の暇」…ありましたよね…？
ペカーッ
きぇぇ～やめてくれ～
まずは日常のルーティンと関連づけて
20 min.
「20分間」を作るのがオススメだよ
洗濯機を回している最中
お風呂を入れている間
炊飯器やレンジでの調理中
宅配便を待っている休日の午前中
とかね！
あとは目を使わないエンタメとしてラジオやトーク番組を聴き流しながら進めるのもアリ！
今日は推しのトーク聞きながら～メイクボックスを整理！
あ～なるほど…
ミュージカルのサントラを流しながら頑張ってみるか…

幼稚園児は片付け好き？
本来、整理整頓は私たちにとって楽しい時間

あなたは片付け、好きですか？

胸を張って「好きです！」と言える大人は、少ないはず。

私が前職の株式会社サマリーで行った調査では、20〜50代のうち7割が「片付けを面倒だ」と感じていることが分かっています。

そもそも日本の教育上で、片付けを実践練習できるのは幼稚園が最初で最後。それ以降の片付けスキルは、各家庭で身につきます。

大人と異なり、幼稚園児は、集団での片付けを大いに楽しんで行っています。東京学芸大学の研究*によると、3歳児の約9割が「幼稚園でのお片付けは、嫌じゃない・楽しい！」と答えています。

お片付けを促すお歌や、先生の笑顔が「楽しい」と感じる他、4歳・5歳と年齢があがると「楽しかった遊びの時間に一区切りをつけられる」と、自ら片付けを活用して行動にメリハリをつける児童もいるそうです。

幼稚園では、先生があらかじめ「ボール入れ」「コップ置き場」など、出し入れのしやすい定位置を定め、絶妙なタイミングで「片付けようね～」とアシストをしてくれます。ロッカーにも見やすい名前のシールが貼ってあり、どこが定位置か、迷うことがありません。

このように定位置がビシッと定められた上で、そこに出したものを戻すことに集中できれば、私たち大人も幼稚園児のように片付けを楽しめるかもしれませんね。

ちなみに子どもは片付けを楽しめるだけでなく、整理収納アドバイザーの役割も、実は喜んで引き受けてくれることが多いです。お子様がいる方は、「親が子どもに片付けさせる」という関係性ではなく、片付けのやり方を習得して、相互に片付けを励まし合えるような関係を目指しましょう。

＊「幼児は生活習慣行動をどのように受け止めているのか」2012年2月　東京学芸大学紀要　永瀬・倉持

ところで気になってたんだけどさ
はい
あれってワインセラー…？
ワコちゃんいつも酎ハイ2杯でベロベロだけど
家でワインとか飲むんだっけ？
実は家では酒豪とか…？
いや〜
これ、オシャレでつい買っちゃったんですよ！
自分一人の時はお酒は一切飲まないんですけど〜
なぬ？
ホラ
友達と集まる時に飲んだり
お土産でもらったお酒を保管したり
ステキじゃないです？
かんぱーい！
わーい
ふむ…
そういうことね…

隣のテレビもずいぶん立派ね～
えへへっ
50インチ、奮発して買っちゃいました!!
一人の時はスマホで十分でも
友達と映画やゲームの時はやっぱり大画面かなって
ソファとローテーブルもテレビに合わせて?
はい!
みんなでくつろげそうかな～と…!
ここまでは理想…
…まぁ普段は
洗濯物と郵便物が山積みですね…
ぐちゃごちゃ
The現実…
……肝心のお友達は
今年何回呼んだのかしら?
ギクっ
えーっと…年明けに一度と
秋頃に一度で…計2回です!
※今は12月
ふ～～…っ
ワコちゃんあなたねぇ……

一体……!
誰のために
たっかい家賃
払ってるわけ…!?
ここのリビング
ダイニングエリアの
面積はざっと8畳
そのうち5畳を年に
二度の来客時に合わせて
設計している
……つまり!
ズオオオオ
こめまりから
ケチのオーラが
吹き出してきた!
キッチン
自分軸エリア
ダイニングテーブル
ワインセラー
他人軸エリア
ソファ
テーブル
ラグ
大型テレビ
あわわ
わわ
残りたった3畳の
ダイニングエリアで
食事も、自宅での
作業や勉強も済ませて
いるってことなのよ!
カッ
ぎゃ〜〜
バリバリ
た、確かに
遅く帰って
来た日は…
プスプス…

ダイニングテーブルでごはん食べてスマホの動画見てそのままベッド行っちゃうから
がくっ…
結局ソファまで辿りついてないな…
くつろぐために買ったハズなのに…
GAME OVER!!
ワコちゃんは年に2回の来客のために残りの363日間部屋の半分以上のスペースを殺している
シュウゥゥ…
……ということは
東大スイッチON!
ちゃっ
★家賃月額12万円×50%×12ヶ月
年間72万円
ついでに部屋の居心地が悪くてつい行ってしまったカフェ代 週3日
★500円(1回)×3回(1週)×52週(1年)
=年間7.8万円
合計約80万円の損失!!
友達とヨーロッパ7日間、行けたんじゃない?
80万
きゃー!!
家賃の半分損してたって考えたら……
えらいこっちゃ~
フフ… サヨナラ汗と涙の残業代…
これが〝他人軸〟で部屋を設計している弊害!
ようやく気づいたね…
リビング・ダイニング空間に、週に一度も活用できていない家具・家電が置いてある場合は要注意だよ

引っ越しの時 なんとなく買った 大型の収納家具も
なんかさ、あんま 出番ないよね
ね…
ヒマ…
毎日の生活で 使いこなせて いなければ… スペースを死蔵化 させる元凶に なってるの
うぅ～…… 引っ越し当初は 憧れの新生活に 舞い上がってた からなぁ……
この家具かわい～!
買っちゃお 買っちゃお!!
ソファってすてき
ラグっておしゃれ～!
母との1日…
とはいえ 今から家具を全部 買い直すのは無理 ですよ～…
お金もないし…
くら…
いや、 いきなり家具を 手放したり 収納家具を買う 必要はないよ!?
おちつけ おちつけっ
まずは持ち物を 1点ずつ "自分軸"で 判断していこう!

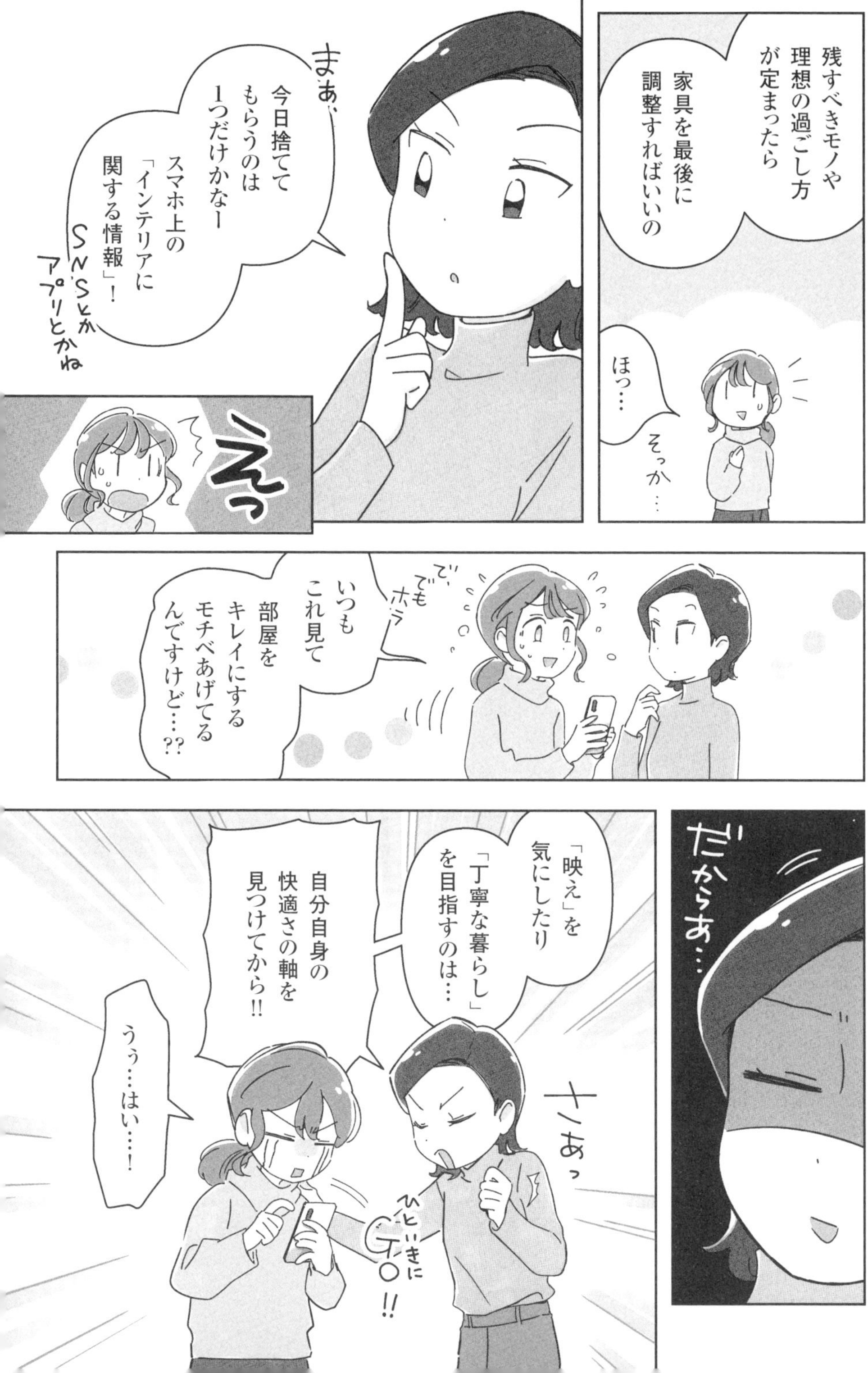

残すべきモノや理想の過ごし方が定まったら家具を最後に調整すればいいの
ほっ…
そっか…
まあ、
今日捨ててもらうのは1つだけかなー
スマホ上の「インテリアに関する情報」!
SNSとかアプリとかね
えっ
で、でもホラ
いつもこれ見て部屋をキレイにするモチベあげてるんですけど…??
だからあ…
「映え」を気にしたり「丁寧な暮らし」を目指すのは…
自分自身の快適さの軸を見つけてから!!
さあっ
ひといきにGO!!
うう…はい…!

片付けは、もっとも手軽な「自己肯定感アップ」のツール

「自己肯定感」とは、ありのままの自分を肯定する感覚を指します。**視覚情報として絶えず目に入ってくる部屋の状態は、私たちが意識する以上に、自己肯定感に影響を及ぼしています。**

ある調査*によると、働く人の平均在宅時間は1日16時間。在宅勤務の方や主婦の方はより多くの時間を家で過ごします。

散らかった部屋は、視覚刺激として、私たちの潜在意識に絶えずメッセージを送ってきます。

「自分はだらしがない」

「自分は無駄遣いばかりしている」

「本当はもっと素敵な生活が送れるはずだ」

そのような自己嫌悪の中では、仕事や勉強、趣味、運動、料理など、新しいことへのチャレンジの芽が摘まれてしまうのです。

自己肯定感を育むには、一度の大きな刺激より、日々の「小さな進捗」が何より重要であると言わ

れます。米国海軍の「Navy SEALs」の訓練では、毎朝小さな仕事を完了する習慣をつけるため、隊員にベッドメイキングを義務付けているそうです。ヘトヘトになって帰ってきた夜、朝の自分が整えたシャンとしたベッドを見るだけで、朝の自分への感謝の気持ちと、明日への活力が湧いてくるんだとか。

片付けは、家庭内で簡単に実践できる「小さな進捗」。見た目が大きく変わらなくてもOK。未来の自分が一歩踏み出しやすくなるような環境を整える、投資の時間です。

ネイルにまつエク、自分へのごほうびとしてのショッピングや旅行など、「自分を好きになるための出費」が最近増えてきたなと思ったら、自己肯定感が何らか損なわれているサインかも。外へ出ていくのも良いけれど、家の中で習い事のように、モノと向き合う時間を作ってみませんか。

＊2015年国民生活時間調査　NHK放送文化研究所 https://www.nhk.or.jp/bunken/research/yoron/pdf/20160217_1.pdf

第 2 章

「洗面所」が、
片付かない！

全部出して“使用頻度”ごとに分ける

面倒でも
洗面所から
全て出すのが
リバウンドを
防ぐコツだよ
紙袋や洗濯カゴを
活用して運ぼう
はいっ
がさ
がさ
ウゲー…
すごい量だ
あっ
これ古いから
捨ててもいいやつだな
あ〜っ
これはこの間
プレゼントで
もらったんだけど
ここにあったか！
忘れてたな…
いつ使おっかな？
はーい
ストップ！
STOP

洗面所での分類は禁止！
スピード重視！無心で詰め込む！
はいーっ！
せっせっせっせっ
時間が限られていて何日かに分けてやりたいという場合は
こめまりワンポイント！
「今日はメイク用品」「今日は日用品」など大まかなカテゴリに分けて実施してもOK！
はぁ〜運び終わった…
私ってこんなにたくさん溜め込んでたんだ…
これを分類しながら床に並べていくんですよね？
これは化粧品
これは日用品
これは掃除用品っと…
ストップ！
分類は「カテゴリ」で分けてはNG
「使用頻度」で分けよう！
え〜っと
STOP

「いつか使う」という未来の予測ではなくて
「直近でいつ使ったか」過去の実績でシビアに分けていくの
な、なるほど…
これは今年まだ使ってない！
これもしばらく使ってないな
あれ？
…やばい
「使ってない」ものばっかりだ！
おや
おや!?
でも使い切ってない化粧品とかは捨てられないよ…
新品だコレ…
この段階でいきなり捨てる必要はないから安心して！
「使ってない」のグループは持ちたい理由を細分化していこう
人がモノをとっておきたい理由は様々でしょ？

使うモノ

グルーピングチャートを作るとこんな感じだね!

月1回以上

毎日	・基礎化粧品、コスメ ・綿棒、コットン、ティッシュ ・歯ブラシ、歯磨き粉、コップ ・ブラシ、ヘアオイル
週1回	・ネイルケア、顔パック ・風呂掃除用の洗剤
月1回	・お出かけ時のコスメ、ヘアアクセサリー ・入浴剤

月1回未満

年数回	・日用品ストック
預かり品	・母が来た時の掃除用の重曹、クエン酸
季節外	・旅行用の化粧品サンプル

デスクまわりでメイクする派の人は、デスクまわりに当てはめてみてね!

使わないモノ

愛しているモノ

思い出	・クリスマス会でもらったバスボム ・商店街のガラポンでもらったかわいいボディスポンジ(ペンギンの形)
コレクション	・プチプラのコスメ

愛していないモノ

しがらみ	・前の家から持ってきてしまった石鹸(何かあった時を思うともったいなくて…) ・ヘアピン(小さいし捨てなくても…)
高価	・母から譲り受けたハイブランドのコスメ ・数回しか使っていない美容家電
捨てにくい	・大容量の塩素系洗剤、漂白剤

使っていないアイシャドウがこんなにたくさん…
これって「コレクション」に当てはまりますか?
良い質問だね
「コレクション品」と「コンプレックスで過剰購入しているモノ」って
実は表裏一体なんだよ

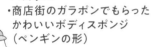

自分が気にしている箇所のメイク術ほど
SNSなどの情報が視界に入ってくるし
買い物でも棚に立ち寄りがちになるからね
確かに〜
アイシャドウは大量にあるのに眉ペンは1本だけ…
なぜ持っているか？次どのように使いたいか？
という視点で細分化するといいよ
そのモノに対する気持ちは？
「買ったばかりだが発色が悪いので使いたくない」
「今使っているものよりは劣る2軍だが、職場のロッカーに置いてあれば使う」
「プレゼントでもらったハイブランド化粧品だが色が自分に合わない」
「アイシャドウ系」と一括りに保管してたから
1つ1つと向き合えてなかったんだ
元々好きで集めていた訳じゃないものを
いつのまにかコレクション化していたかも
数が増えてきた時こそ
自分にとっての意味を「細かく分類」するのが大事だね

お掃除グッズ、本当に全部使ってる？

洗面所の整理で、どこの家庭でも出てくるのが、使っていない掃除用洗剤や漂白剤。一人暮らしでスペースに限りがある方や、掃除が苦手で習慣化できていないという方に限って、塩素系漂白剤を大量にため込んでいたりするんです……。

使用頻度が高くないのに、ため込んでしまうのには、このような理由があります。

・ディスカウントストアで大容量の漂白剤を買ってしまったが、使い切れない
・SNSで掃除法を知り、試してみたくて買ったスプレーを、普段の掃除で使う機会がない
・引っ越しの際、「台所用」「洗面所用」「トイレ用」の専用漂白剤を親のすすめで購入したが、使い方がよく分からない

捨てることへの罪悪感も分かりますが、大量の掃除用具が原因で、水回りがモノで溢れ、掃除しにくい空間となってしまっては、本末転倒ですよね。掃除用品を全て出してみて、「いつ・どういった頻度で」使うのかを、精査してみましょう。**使う場所のすぐ近くを定位置にするのが、消費スピード**

を早めるコツです。

使い道が分からない道具は、「商品名　大量消費」で検索をして用途を確認しましょう。「台所専用漂白剤」が洗濯槽や風呂のカビ取りに活用できる等、商品名にとらわれず、多用途での活用を目指します。

容器が大きすぎて使いにくいという場合は、スプレーボトルに薄めて移し替えたり、百円ショップで販売している小型の容器に詰め替えるのも便利です。

使用シーンが全く浮かばなかったり、工夫して使うのも面倒という場合は、潔く手放しましょう。塩素系漂白剤類は何日かに分けて風呂の残り湯に流すか、新聞紙や古布に染み込ませて燃えるゴミとして捨てるという手があります。使いかけでも、フリマアプリで何種類かの洗剤をセットで販売することもできますよ。一人暮らしを始めたばかりの方や、普段同じ洗剤を使いこなしている家族・友人に譲ってしまうというのも一つの手です。

「浮かす・吊るす・仕切る」で使いやすく定位置化
モノの整理が無事終わったね
ここから定位置を決める「収納」の作業に移っていくよ
頭をフルにつかって すでに疲労困憊ですぅ…
旅行用
毎日
週1
月1
ストック
にごり湯セット
ここで投げやりになって 元の場所に そのまま戻して しまうと
整理の作業の意味がないぞ〜
ホレ！
もうひと頑張り！
おっす！
ん〜〜
ではまず ストック品から奥に 詰め込んでっと…
ストップ！

使用頻度の低いモノで空間を埋めてしまうと
肝心の毎日使うモノの定位置がなくなり散らかりの原因になるよ
あ
なるほど、奥の方から埋めればいいってわけじゃないんだ…

毎日使うモノから定位置を決めよう
ポイントは
①浮かす
②吊るす
③仕切る
の3種類
ここでお役立ちアイテムの出番!
メモメモ
ほうほう

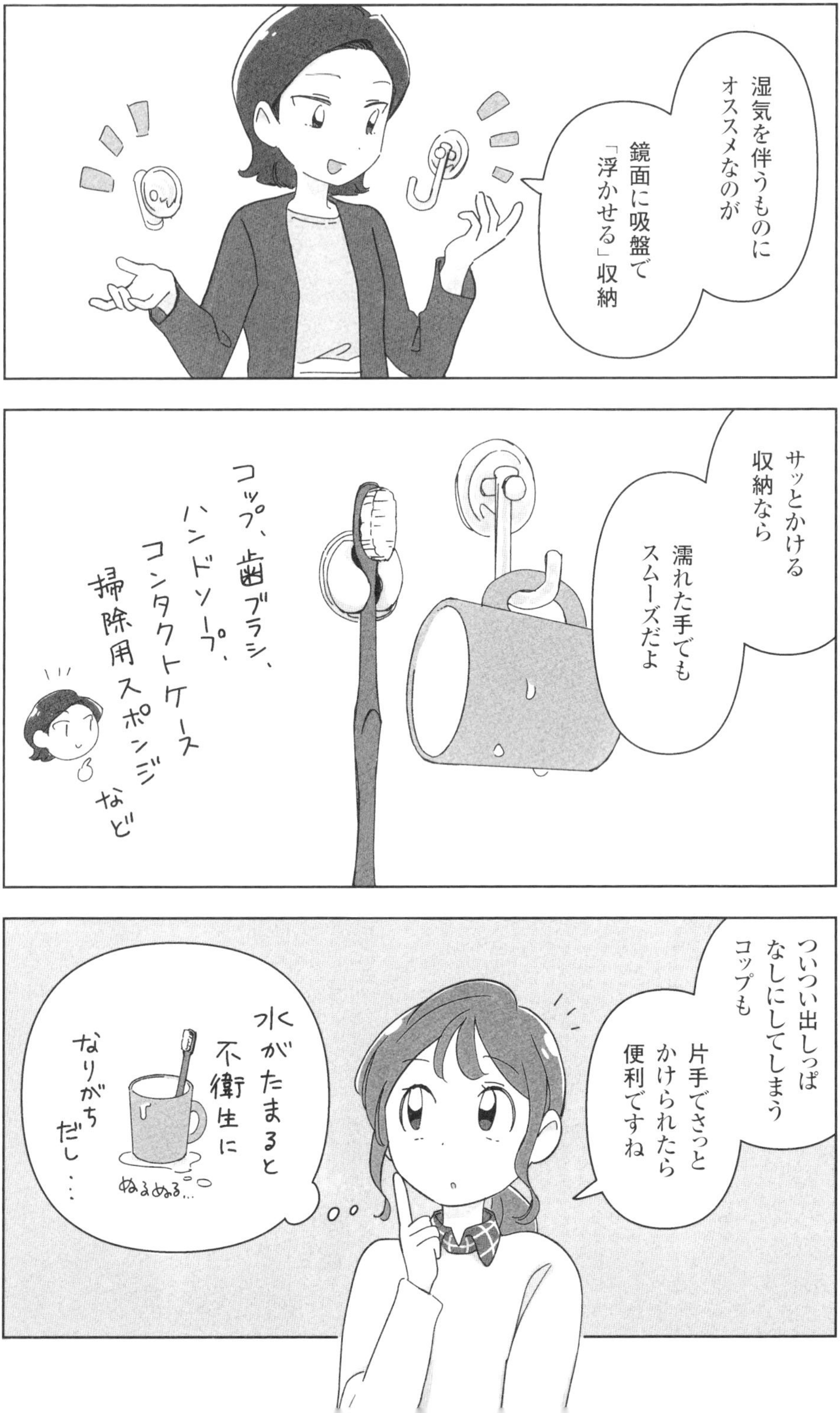
湿気を伴うものにオススメなのが
鏡面に吸盤で「浮かせる」収納
サッとかける収納なら
濡れた手でもスムーズだよ
コップ、歯ブラシ、ハンドソープ、コンタクトケース
掃除用スポンジ など
ついつい出しっぱなしにしてしまうコップも
片手でさっとかけられたら便利ですね
水がたまると不衛生になりがちだし・・・
ぬるぬる…

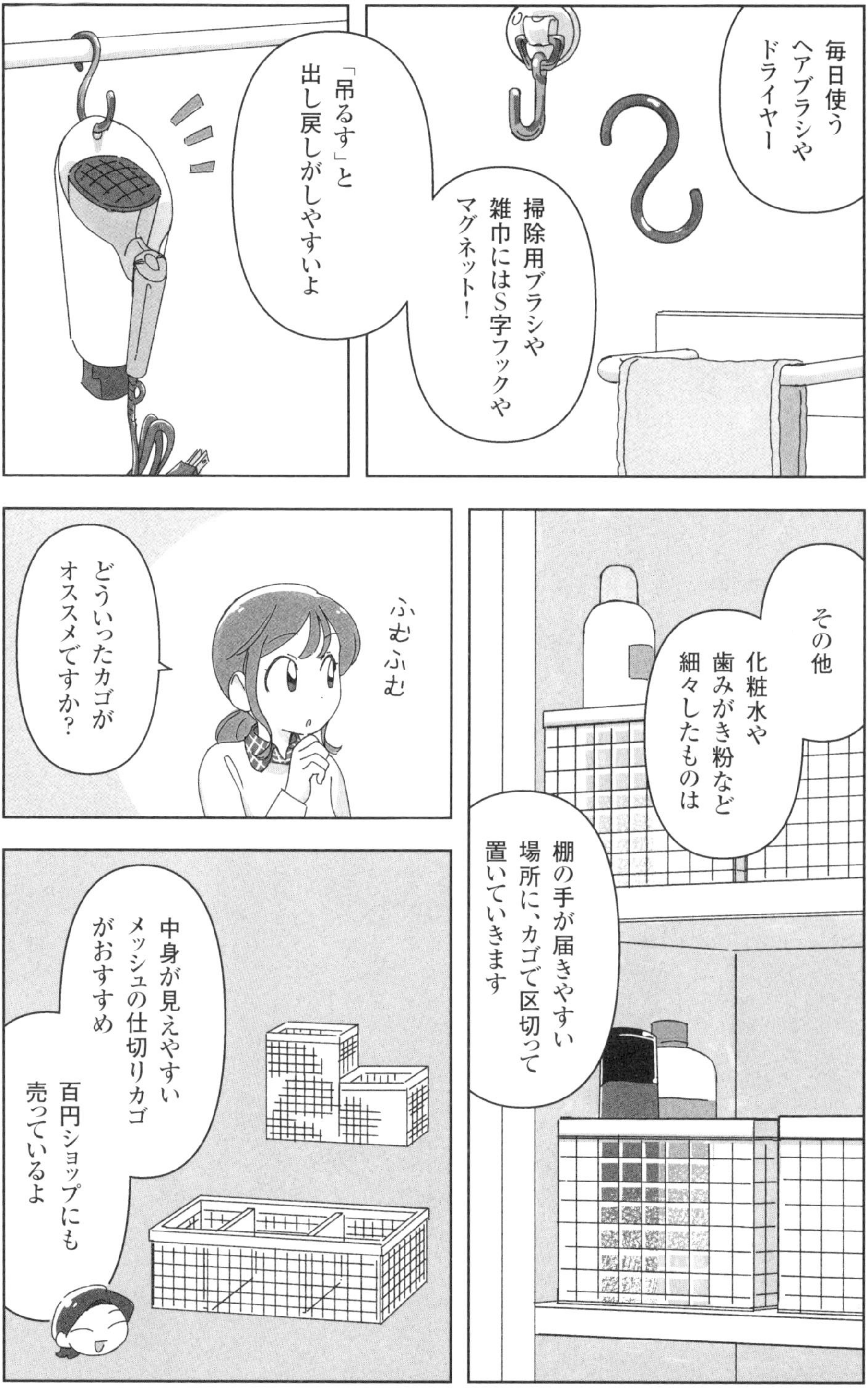
毎日使う ヘアブラシや ドライヤー
掃除用ブラシや 雑巾にはS字フックや マグネット！
「吊るす」と 出し戻しがしやすいよ
その他 化粧水や 歯みがき粉など 細々したものは
棚の手が届きやすい 場所に、カゴで区切って 置いていきます
ふむふむ
どういったカゴが オススメですか？
中身が見えやすい メッシュの仕切りカゴ がおすすめ
百円ショップにも 売っているよ

細かい化粧品類はアクリル収納スタンド 体温計やメイクブラシはペン立てを活用して立てて収納しよう
これまでギュウギュウに詰め込んでいたから棚に戻すのが億劫だったけれど
サッ
こんな風に片手でサッと取れる余裕があれば戻すのも苦じゃないかも
収納に「2割の余白」があると 出し戻しもしやすいよ
素晴らしい！
次は使用頻度の低いアイテムを収納していくよ
ファイルボックスやマスク収納ボックスなど 箱型のケースに詰め込もう

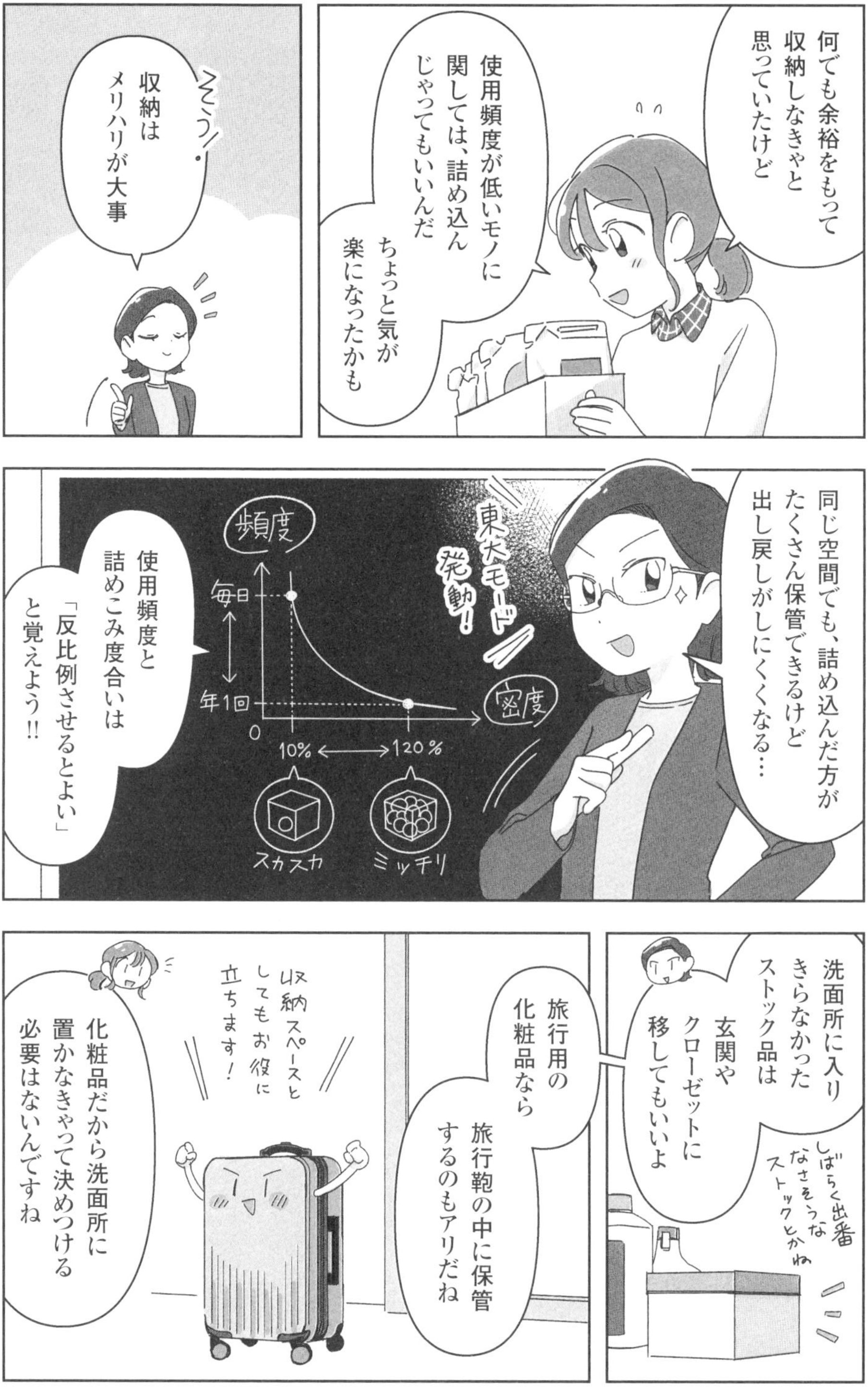
何でも余裕をもって収納しなきゃと思っていたけど
使用頻度が低いモノに関しては、詰め込んじゃってもいいんだ
ちょっと気が楽になったかも
そう!
収納はメリハリが大事
東大モード発動!
同じ空間でも、詰め込んだ方がたくさん保管できるけど出し戻しがしにくくなる…
頻度
毎日
年1回
0
密度
10%
120%
スカスカ
ミッチリ
使用頻度と詰めこみ度合いは「反比例させるとよい」と覚えよう!!
洗面所に入りきらなかったストック品は玄関やクローゼットに移してもいいよ
しばらく出番なさそうなストックとかね
旅行用の化粧品なら旅行鞄の中に保管するのもアリだね
収納スペースとしてもお役に立ちます!
化粧品だから洗面所に置かなきゃって決めつける必要はないんですね

washroom

Before

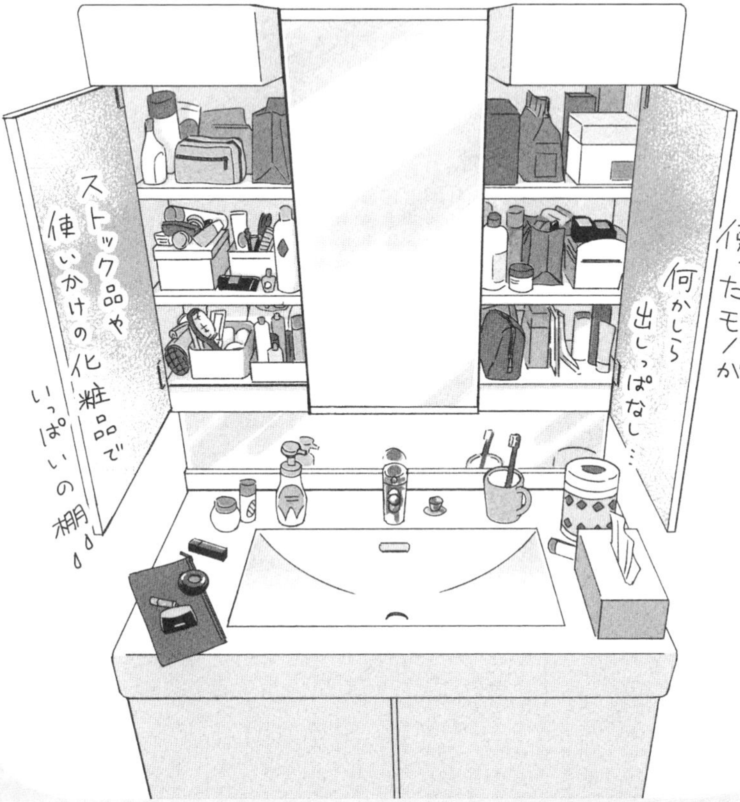
ストック品や
使いかけの化粧品で
いっぱいの棚
使ったモノが
何かしら
出しっぱなし……

コスメに掃除用品に……洗面台の上までモノがびっしり

これでは掃除のやる気も起きないね

Wako's After

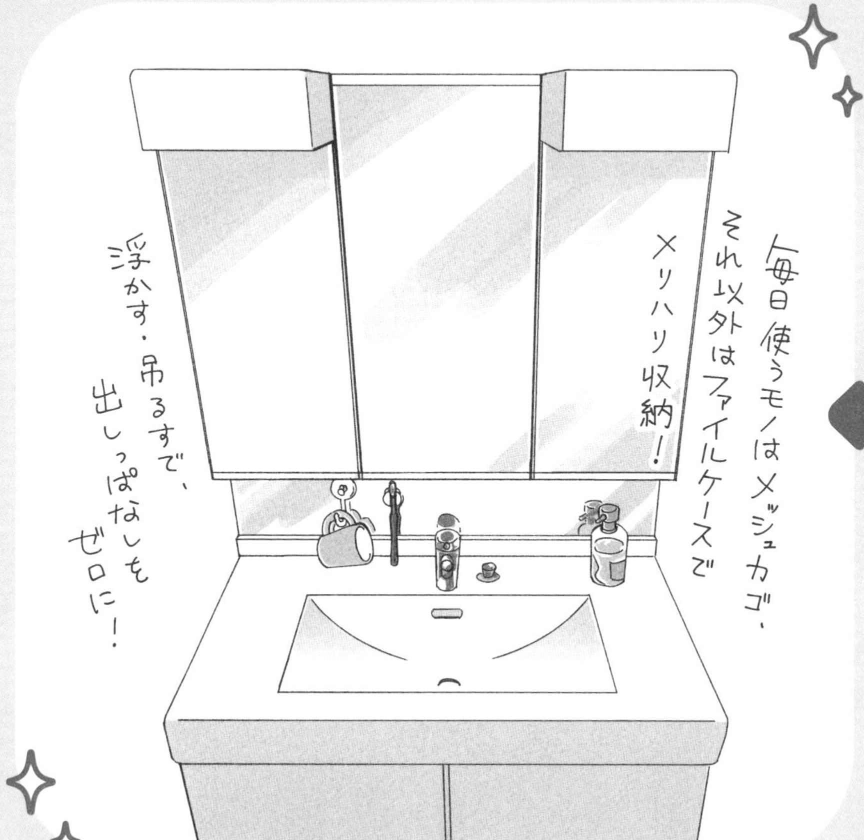
毎日使うモノはメッシュカゴ、
それ以外はファイルケースで
メリハリ収納！
浮かす・吊るすで、
出しっぱなしを
ゼロに！

引っ越してきた時の洗面所の状態みたいで新鮮……！

毎日使うモノほど出し戻ししやすい設計だから、無理なくキープできるよ

1日3分、出したら定位置に戻すだけ
ホテルみたいにキレイな洗面所!
やったーっ
せっかく整理・収納したんだから
この状態維持したいなぁ
えへへ
整頓の基本は「出したら戻す」こと
シンプルだけど、実際に使う都度元の場所に戻すのって
忙しい毎日だとハードルが高いよね
うむ…

そうなんですよ…
わーっ
やばい！
ぱた
ぱた
あと1分で出ないと
会議に遅刻だ!!
だだだっ
化粧品やら
ティッシュの
ゴミやら
片付ける暇なく
台に出しっぱなし
なんてこと
ぐちゃ〜
結構やっちゃい
がちなんですよね…
はあ〜〜
ちゃんと維持できるのか…？
うんうん
わかる…

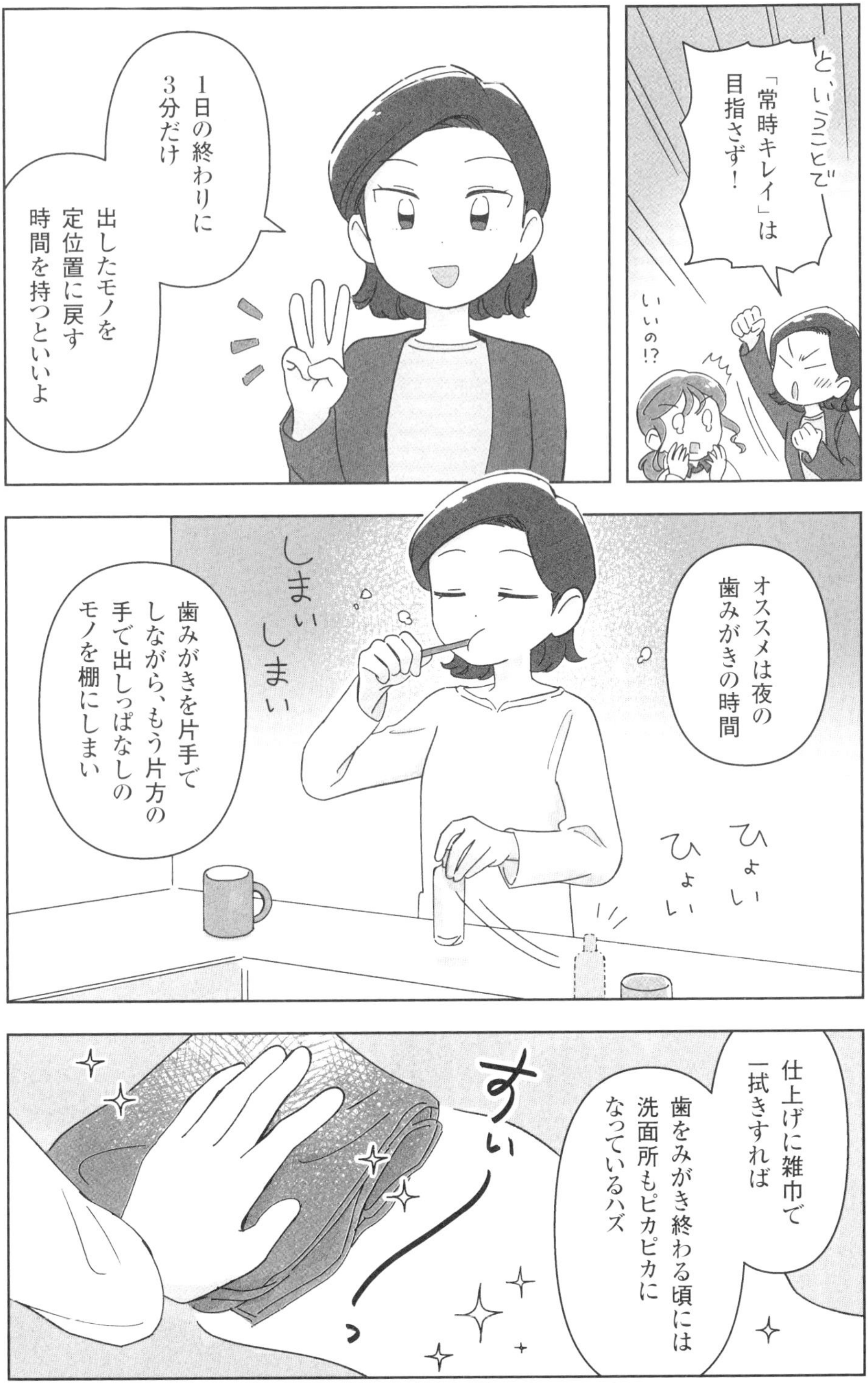
ということで
「常時キレイ」は目指さず!
いいの!?
1日の終わりに3分だけ
出したモノを定位置に戻す時間を持つといいよ
オススメは夜の歯みがきの時間
しまいしまい
歯みがきを片手でしながら、もう片方の手で出しっぱなしのモノを棚にしまい
ひょいひょい
仕上げに雑巾で一拭きすれば
歯をみがき終わる頃には洗面所もピカピカになっているハズ
すい

それなら
スキンケアの合間にもできそう！
！
パックをしたら…
うおしっ
全力で片付けっ
ちなみに
もしも3分間の片付けでは全然足りない！
…なんて場合には「収納」で定めた定位置に無理があったかも？と考えてみてね
見直してみよう！

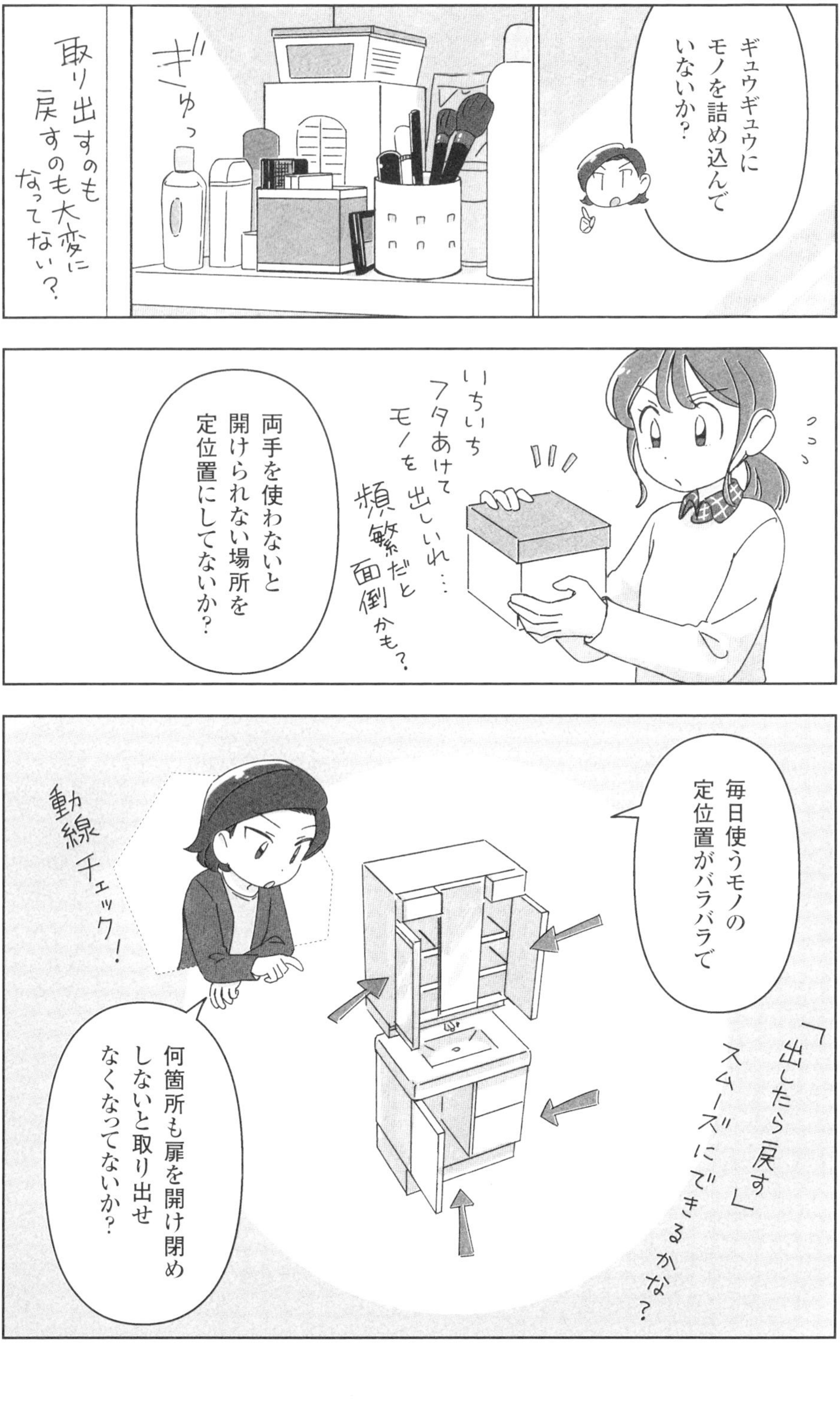
ギュウギュウにモノを詰め込んでいないか？
ぎゅっ
取り出すのも戻すのも大変になってない？
いちいちフタあけてモノを出しいれ…頻繁だと面倒かも？
両手を使わないと開けられない場所を定位置にしてないか？
毎日使うモノの定位置がバラバラで
「出したら戻す」スムーズにできるかな？
動線チェック！
何箇所も扉を開け閉めしないと取り出せなくなってないか？

「出したら戻すのが億劫だ」と感じたら…
新品のままだしフリマ出すか～
モノの量を減らしたり
定位置を見直すこと！
よし この方がまとまってて出しやすい＆戻しやすいぞ！
整頓が億劫になってしまう原因を解決して
出し入れのハードルを下げてあげることが大切だね
はーい！

こめまり式！洗面所の課題解決術

Q 片付けたんだけど、1週間も経たないうちにリバウンドしちゃった……。

A 「整理」のプロセスで、モノの厳選が足りていないのかも。一度、引っ越しの時のように、全ての荷物を箱や紙袋に詰めて、生活してみて。実際に使ったモノだけ出していき、**2週間経っても使われず残ったモノを、手放すか他の場所で保管するか、対処法を厳しめに検討しよう。**今のモノの量を減らさない限り、リバウンドを繰り返すよ！

Q 厳選しているつもりなんだけど、メイク道具が減らせない！

A 自分に似合うかどうか、迷いを抱えながらプチプラコスメを買い集めているうちは、道具が増える一方。**一度、プロのメイクレッスンを受けて、少しお高くても自分に似合うコスメアイテムを見つけてみて。**「今日の気分でアイテムを使い分ける」のではなく、「お気に入りを使い切るまで買い換えない」、というスタンスに変えてみよう。

Q

浮かす・吊るすにチャレンジしてみたけど、出し戻ししにくいかも？

A

限られた空間にギュウギュウとモノをひっかけてしまうと、左右のモノを気にしながら出し戻しせねばならず、使いづらくなってしまう。**理想は「1秒」で出し戻しができるくらい、余裕を持たせよう。**S字フックが小さすぎる、吸盤の粘着力が弱い、という場合は、合うものに買い換えて。私の自宅では「無印良品」、「レック」、「山崎実業」の商品を使っているよ。

Q

化粧品サンプル、何かと便利だし、捨てたくないな。

A

化粧品サンプルには使用期限があって、未開封でも1年過ぎると品質が劣化するものが多いよ。**1年以上前にもらったアイテムは潔く手放して、それ以外のモノも、ジム用のバッグに入れたり、旅行・帰省の際に持っていったり、消費スピードを早めてみて。**

第3章

「デスク・テーブルまわり」が、片付かない！

「デフォルト＝ゼロ」で集中力アップ

それは
こめまりAI発動！
どうかな?
ピピ
卓上面積の占有率は55％
ピピピ！
空き面積は——45％！
ってことで、45点というのは机の面積に対して
自由に作業できるスペースの広さのことだよ
机の表面の半分以上何らかのモノが置かれているよね
えっ
そりゃ、どれも仕事や勉強に関わるものですし…
グリーンとマスコットはモチベアップのため！
でも
作業内容に応じて必要な用具って変わるでしょ?
あ！

PC1台あれば処理できる仕事もあれば
たくさんの書籍を手に取りながら進める仕事もある
手紙を書く時はカラーペンをたくさん使うけど
手続き書類はボールペンと印鑑があれば足りる……
DIARY
そういうこと！
では、
この紙袋に荷物を詰めてデスクの上をゼロにしてみよう！
これが究極の「ゼロ」状態だ！
おおお
私の机ってこんなに広かったのか！
無…！

すい〜っ
広い〜っ 広すぎる！
「ゼロ」の状態を作り出すためにはデスクまわり半径1mのエリアの使い方がキモになるよ
書類や文具 本など、週1以上使うモノ以外は 机まわりに置かないことを徹底しよう
1m
「書類は書類ケースに文具はペン立てに」と思っていたけど
ほとんど使っていないモノも結構交じっているよなぁ…
でしょ
紙袋に詰めたアイテムを全部出して 使用頻度順に並べてみよう

デスクまわりのグルーピングチャート

使うモノ

月1回以上

毎日
- モニター、キーボード、マウス
- PC、スマホ充電器
- ノート、ボールペン
- コップ、ボトルガム

週1回
- 書類ケース
- 仕事の参考資料、参考書籍

月1回
- たまに手に取る書籍
- 印鑑、重要書類ファイル
- カラーペン

月1回未満
- 購読している本
- 書き終わったノート
- 文房具ストック

使わないモノ

愛しているモノ

思い出
- 遊園地で買った、キャラクターのペン
- 親からもらった色鉛筆全色セット
- お手紙、写真

コレクション
- 猫のミニフィギュア
- 神社のお守り、御朱印帳
- レターセット

愛していないモノ

しがらみ
- 進んでいないTOEICのテキスト

高価　・万年筆

捨てにくい　・古いモバイルバッテリー

ウゲー…
全然開いていないTOEICのテキストがいっぱい！

書類ケースの中身も最近使ったモノはごく一部だよ…

「勉強しなきゃ！」とコンプレックスを想起させる
参考書やビジネス書は特に危険だよ
勉強しろ〜
勉強しろ〜
徹底攻略！
の法則
TOE
完全
視界に入るたびに罪悪感が生じて目の前の作業の処理効率が落ちてしまう
う〜
勉強やれてないなあ
やらなきゃ…でも…
リモートワーク中
こうなってるワコちゃんが目に浮かぶ…
仰る通りで…

箱にしまって押入れに隠すか
フリマアプリで売ってしまおう
全く活用できてないし…
後輩のヨシコに一式で譲るか…
先輩、私今年こそは英語がんばるんですっ！
ヨシコ
書類は提出が必要なモノ以外
ガンガン「スキャンする」のがおすすめ
家電の取り扱い説明書はネット上にも同じ情報が載ってるから
表紙と保証書のページだけ切り取って捨ててOKだよ
量が多すぎて面倒ならスキャン代行サービスもあるね

ダイニングとデスクを兼用する時こそ「ゼロ」を意識して

夫婦揃って自宅で仕事をしている、部屋のスペースに限りがあるなどの理由で、ダイニングテーブルで仕事や勉強をしている方も少なくないと思います。**同じテーブルで仕事と食事を両立させる時こそ、モノを出しっぱなしにせず、「ゼロ」を目指すことを意識しましょう。**

書類やPC画面を見ながら食事をするのは消化に悪そうですし、洗っていない食器を気にしながら作業をしていては効率が下がりますよね。オフィスに出勤している時より「メリハリがなくなった」と悩む方は、**視覚情報のメリハリ**を今以上に意識しましょう。

テーブルの横に3段ボックスやカゴを用意し、仕事道具（書類、PC、文具など）と食事の道具（ティッシュ、調味料など）それぞれに保管スペースを確保します。ギュウギュウに詰め込まず、1分以内に出し入れが完了するようにすると良いでしょう。作業を終えるたびに、荷物を片付けることで、仕事とプライベートのメリハリをつけることができます。

仕事で大きなモニターを使いたい・参照する書類が多い、という方は、やはり食事用のテーブルと作業デスクは分けるのが便利です。

テーブル・デスクは1畳分のスペースがあれば設置することができます。スペースがない、と思う場合も、使用頻度の低い家具・家電を手放すことで、ミニデスクが置けるかもしれません。たとえばテレビ台を手放し、壁掛け型に切り替えるだけでも、テレビ周辺のスペースが節約できますよ。

家庭内で**「フリーアドレス制（固定のデスクを定めず、自由な場所で働くオフィスのあり方）」**を導入するのも良いですね。子供の学習机、ベッドサイドの小テーブル、ダイニング、書斎など、一人が机を独占せず、家族で作業スペースをシェアして、必要な時に必要な人が使う、というスタイルです。

仕事道具を1つにまとめたカゴ・バッグを作れば、作業内容に応じて、家庭内で臨機応変に場所を変えて作業することができます。

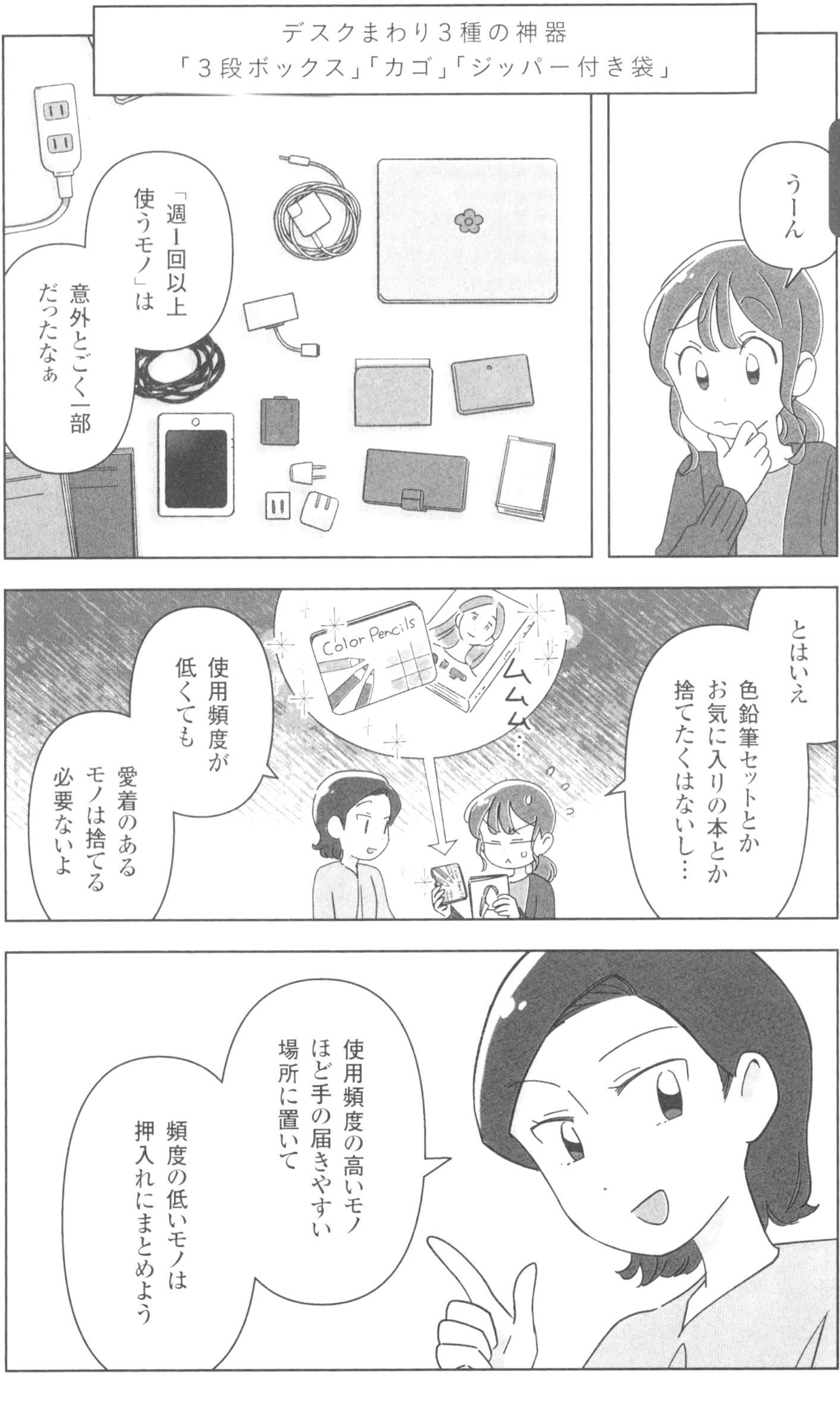
デスクまわり3種の神器
「3段ボックス」「カゴ」「ジッパー付き袋」
うーん
「週1回以上使うモノ」は
意外とごく一部だったなぁ
とはいえ色鉛筆セットとかお気に入りの本とか捨てたくはないし…
Color Pencils
ムムム…
使用頻度が低くても
愛着のあるモノは捨てる必要ないよ
使用頻度の高いモノほど手の届きやすい場所に置いて
頻度の低いモノは押入れにまとめよう

収納用具としては
引き出したり扉を開ける手間のない
「3段ボックス」がおすすめだよ
本棚やキャビネットでもOK
3段ボックス実家の押入れにあったなぁ
新品でも千円ほどで買えるしね
お手軽!
あとは…
PC・スマホの充電器にイヤホンアダプター類付箋にクリップ…
結構細々したアイテムが多いな〜
CLIP

3段ボックス内の仕切り方の基本は
出し入れしやすいカゴを使って「四角く区切る」こと
細々したものは「ジッパー付き袋」で分けると
カゴの中でごちゃごちゃしないよ
外出時にも袋ごと持ち運べて便利♪
ひょいっとね！
ジッパー付き袋ならキッチンにある！
食品の保管以外でも活用できるんですね

ティッシュ・目薬・メガネ・etc.
頻繁に使う日用品はノールックでも取れるよう1段目に
週に数回見るだけの書類は手が届きにくい3段目に

〝積ん読〟やこれから読みたい本はどこに保管すればいいですかね？
？
本は必ずしもデスクまわりや本棚に置く必要はないよ

たとえばソファで小説を読んだり
キッチンで料理を煮込みながら雑誌を読んだり
お風呂で読書する人もいるじゃない？
確かに
私、本は通勤電車で読むから
いつもデスクの横からとって鞄に入れてたな
朝急いでいる時は忘れちゃったりして…
あっ
入れ忘れた！
置き場所見直してもいいかも…？

私の家では
今読む本は分散的に
家の中において
それ以外の本は
押入れの衣装
ケースに
詰めているよ
収納効率もUP!
衣装ケースに入れる
ものは、洋服だけ
じゃないのか
よし、
たまにしか使わない
カラーペンや
マスキングテープ
レターセットも
一緒に押入れに
詰めちゃおう
使用頻度の高い文具は
マグネット式
リモコンケースに入れて
机の足や壁に
浮かせても便利だよ
手に取りやすく、
作業スペースの
邪魔にも
ならない!

desk

Before

たまにしか使わない本や参考書、
使用頻度がバラバラの文房具
使用済のゴミや、しまい忘れたマグカップ…
10:10

最近テレワークがはかどらないんですよねぇ……

まるで煩悩の塊。集中できなくて当然かも……

Wako's After

目の前のことに集中! これで作業もはかどりそうだ!!

ゴミをつい散らかしちゃう人は、足元にゴミ箱もマストで設置しよう!

1日の作業終わりに行いたい
「デスクリセットの儀式」
デスクまわりの片付け完了〜！
これであとは維持していくだけだ！
ということでこめまり先輩
デスクまわりをスッキリ保つには、ポイントはありますか？
もちろん！
すちゃっ
ポイントは毎日の作業終わりに
ゼロの状態にリセットをすること！
「1分間」と時間を決めて、儀式のように行おう

使ったモノを定位置に戻し終えたら
クロスでモニターや机上をサッと拭くのもおすすめだよ
ウフフ
儀式かぁ いいかも…
清めの舞…
なんか妙なこと考えてそうだな?
よーし!
早速今週のテレワークで実践してみよう〜!
その調子だ〜
テレワーク当日——
カタカタ

カチカチッ
ふー
資料送信完了っと!
ん〜〜っ
は〜
今日も疲れたな
ガタッ
城崎さんからの資料チェックバックは明日かな
とりあえずソファで一休みっと…
ゴロン…
ごちゅ…
ワコさん!?

えっ
城崎さん どうしました？ 血相変えて
資料よ資料！ どうしちゃったの？
ばさっ
差し込み画像も違うし 集計数値の計算も ぐちゃぐちゃよ？
ここも こっちも！
ぎょっ
えええ!? そ、そんな はずは…!!
ワコ先輩〜!!
わっ
ヨシコも!?
何なに!?
先輩が用意してくれる っておっしゃってた B社のデータ まだ頂けて ないです…!
あれ!? そうだっけ!? ごめん!!

ワコさん！
資料の修正
ミーティングまで
1時間よ！
わ〜〜んっ
こっちも急ぎで……！
すみません
お願いします〜っ
すみませんっ
ただいま〜〜！
すぐに！
やり直します
あわ
あわ
から……
はっ!!
送信済み
カチ
ヨシコに
資料送ってたし
城崎さんから
チェックOKの
お返事もきてる…
たします！
RE
ありがとうござい
完璧です〜
カチッ
わ…
悪い夢
だった……
は〜〜っ
は〜……
――いけない
こめまり先輩
と約束した「儀式」
やりそびれてた…！
切り替え
切り替えっ！

片付けの
習慣化には
1分以内の
出し戻し！
すぃ〜〜
…よしっ
今日もよく
頑張りました
これで
今日の仕事は
おしまい！
こめまり流1分間の法則
1分以内に…
終わること＝習慣
無意識の
歯みがきとか
終わらないこと＝タスク
頭をつかう
染み抜きとか
人の脳は有限
使いすぎると
疲弊しちゃう
考えるな！

こめまり式！ デスク・テーブルまわりの課題解決術

Q 書類や付箋を見えるところに置かないと、仕事を忘れてしまいそう！

A 視覚刺激が意識にあたえる影響は、私たちが思う以上に大きい。**備忘のつもりで出しっぱなした書類が、集中力を減退させることも。**仕事でもプライベートでも、タスク管理は紙ではなくデジタルツールに頼ろう！（リマインダー、カレンダー、Excelなど）

Q 本は私の生きがい。本棚にズラっと並べていたい……！

A 蔵書量が多い方ほど、定期的に手持ちの本を整理する時間を持つことが大切。**服やメイクと同じく、自分の読みたい本には「旬」があるはず。**苦手意識を想起させる本が並んだ本棚は、読書欲や、新しいことへの好奇心を根こそぎ奪ってしまうよ。

Q テンションをあげるためにも、写真立てやフィギュアを机の上に飾りたい！

A デスクは作業スペースであり、モノを置く台ではない。**少しでも広く使うことが何より重要**なので、インテリア・趣味関連のモノは1個までに絞ろう。壁に写真を飾ったり、棚を取り付ける「浮かせるインテリア」はどんどんやってOK!

Q 家族の目が気になって、作業や勉強に集中できない。

A 机の向きに注意。壁や窓に向かって作業をすると、人の動きが視界に入らず、集中しやすいよ。作業中に後ろを通られるのも気が散るもとなので、ラグマット、観葉植物、パーテーションで空間を区切り、自分のテリトリーを明確化すると良いよ。

Q テレワーク、肩が凝るんだけど。運動不足?

A 机と椅子の高さが合っていないかも。「机 高さ」でシミュレーターが出てくるので、身長を入力して高さを確かめてみて。バランスボールやヨガマットなど、サクッと肩甲骨を伸ばせるグッズをデスクまわりにおいて、5分間だけでも身体を伸ばそう。

第 4 章

「クローゼット」が、片付かない！

衣類は「いる・いらない」の二者択一で分けない

明日、推しに会えることになったら
このクローゼットから何を選ぶ？
ええ〜!!!
ワコの推し
村下くん
ホワワ…
…っ
キャーっ!
そんな一大事!!着ていける服なんてないですよ
え〜〜っ…
むごい…
骨身を削って稼いだ給料をつぎこんだこのクローゼットに
自信を持てる服が1着もないなんて…
うっ!!
※足元には段ボールも…
クローゼットの洋服たちもかわいそうだわ…
ねぇ？
ひどいわワコさん…
どうせ私たちなんて…
わ、わかりましたよ…
ちゃんと片付けますんでご容赦を…

クローゼットやタンスの衣類をグルーピングしていこう
いる、いる、いる
これは捨ててもいいかな～…？
うーーーん
いる…これも捨てられないよね…
ストップ！
ピピーーッ！
洋服を1着ずつ「いる・いらない」の二軸で分類しても自分に必要なモノの軸が確立していない段階では意味がないよ
1着単位で考えるのはNG！
コーディネートを作りながら直近2週間での着用頻度を振り返ろう
着ていない服はその理由を深掘りしていくよ
なるほど…

衣類のグルーピングチャート

NGな例 1点単位でいる、いらない
高かったから いる!
よく着てるし いる!
いるといえば …いる?
選び方、わからぬ!?
OKな例
こんもり…
服の山から…
この2週間で着たコーディネート
1点ではなくコーデで!
仕事着
週末のランチ
この2週間で着てない…
※MECE! もれなく、ダブりなく!
理由を細分化!
コーディネートが作れて
「明日から着よう」と思えたら残してOK
着心地軸
・首がキツイ、チクチク
・太っちゃって…
首回り
チクチク
品質軸
・のびきってる
・生地うすくて安っぽい
・シワシワ、アイロン面倒…
アイロンめんどくて放置…
デザイン軸
・スカート短い(若すぎ)
・ブランド服だがタイトすぎ
買ったけど
私っぽくないかも!
心理軸
・捨てるのもったいない!!
(返品忘れて1日も着てない…)
・親のプレゼントで…
おばあちゃんのセーター
捨てらんないよね

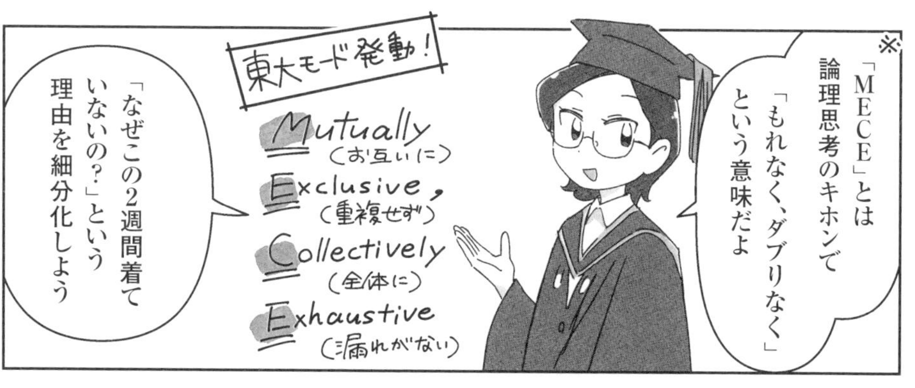

※「MECE」とは論理思考のキホンで「もれなく、ダブりなく」という意味だよ
東大モード発動!
Mutually (お互いに)
Exclusive, (重複せず)
Collectively (全体に)
Exhaustive (漏れがない)
「なぜこの2週間着ていないの?」という理由を細分化しよう

こうして分けてみると…
月1くらいでお出かけの時着るけど着心地がよくない服すごく多いな〜
デザインのかわいいレースシャツだったりタイトなスカートが好きで買ってしまうんだけど
実のところ洗濯しにくいし歩きにくいし…
結局、仕事や休日の買い物ってシンプルなニット+ジーンズが多いんですよね
ラク〜
デザインの好みと洋服の扱いやすさ・着心地は必ずしも一致しないよね
さて!
軸が少し見えてきたところで
着る頻度の高い順にハンガーにかけて戻していこう
この上下の組み合わせはよく着てる!
1着単位で判断せず
コーディネートを作りながら進めるのがポイントだよ

そういえばボーナスはたいて買ったジャケット
これ1着ではすごくお気に入りだったけど…
組み合わせ方が分からなくて
実際あまり着られてなかったんだ…
ごめんね…
スタイリストのプロによると
ワンシーズン上下合わせて15着の洋服があれば30種類、約1ヶ月分のコーディネートが作れるんだって
女性誌の着回し特集コーナー、みたいな感じだね
カジュアルウェアも合わせて「15着」か～
結構厳選しないと!
むむむ!
うんうん

押入れの「開かずの段ボール」が、汚部屋の元凶？

今の家に引っ越してきた頃から、「開かず状態の段ボール」はありませんか？

私が前職に在籍時、関東在住の30〜40代の男女600人を対象に行った調査[*]では、なんと7割以上もの方が、「持っていること自体を忘れていたモノ・何が入っているか分からない箱」が、押入れに1箱分以上あったとのことです。

私たちの体の中で〝ふくらはぎ〟は、血流・リンパ液を循環させる役割を持つことから「第二の心臓」と言われますが、押入れは部屋全体にとってまさにふくらはぎ的存在。居住スペース全体の「今は使わないが捨てられないモノ」の収納を一手に担っており、ここに老廃物がたまると、全体の巡りが悪くなります。

リビングも洗面所も台所も、機能的な押入れに支えられてこそ、きれいな状態が保てるもの。押入れの中のモノを正しく把握し、自分にとって必要不可欠なモノに絞ることが、リバウンドを防ぐために重要なのです。

押入れ・クローゼットの収納で鉄板なのが「衣装ケース」。**奥行きに合わせてぴったりのサイズで、出し入れがしやすいものを選びます**。

衣類にとどまらず、思い出の品、日用品ストック、書籍や文具など、何でも入れてOK。奥に何をしまったか忘れないように、段ごとに写真を撮っておくと、後から見返しやすいですね。

雑誌等でよく紹介される「見せる収納」ですが、押入れ・クローゼットには向きません。**在庫品をオシャレに飾っている物流倉庫なんて、ありませんよね**。同じ体積でもっとも効率の良い収納方法はズバリ**「箱型」**なのです。衣装ケースや不織布ボックスなど、「直方体」の形のグッズを選びましょう。紙袋に荷物を詰めるのは、積載効率が悪く、ホコリもたまりNGです。

＊株式会社サマリー「片付けに関する意識調査」2019年9月実施

服の間隔は「3cmルール」！

ふー
すごい量だったけどグループ分け完了～
長い旅路だった…
では次は収納だね！
頻繁に着る服から順に、定位置を決めていこう
形状の違いがあるから
クローゼットと押入れの特等席はそれぞれ異なるよ
クローゼットは折れ戸
押入れは引き戸

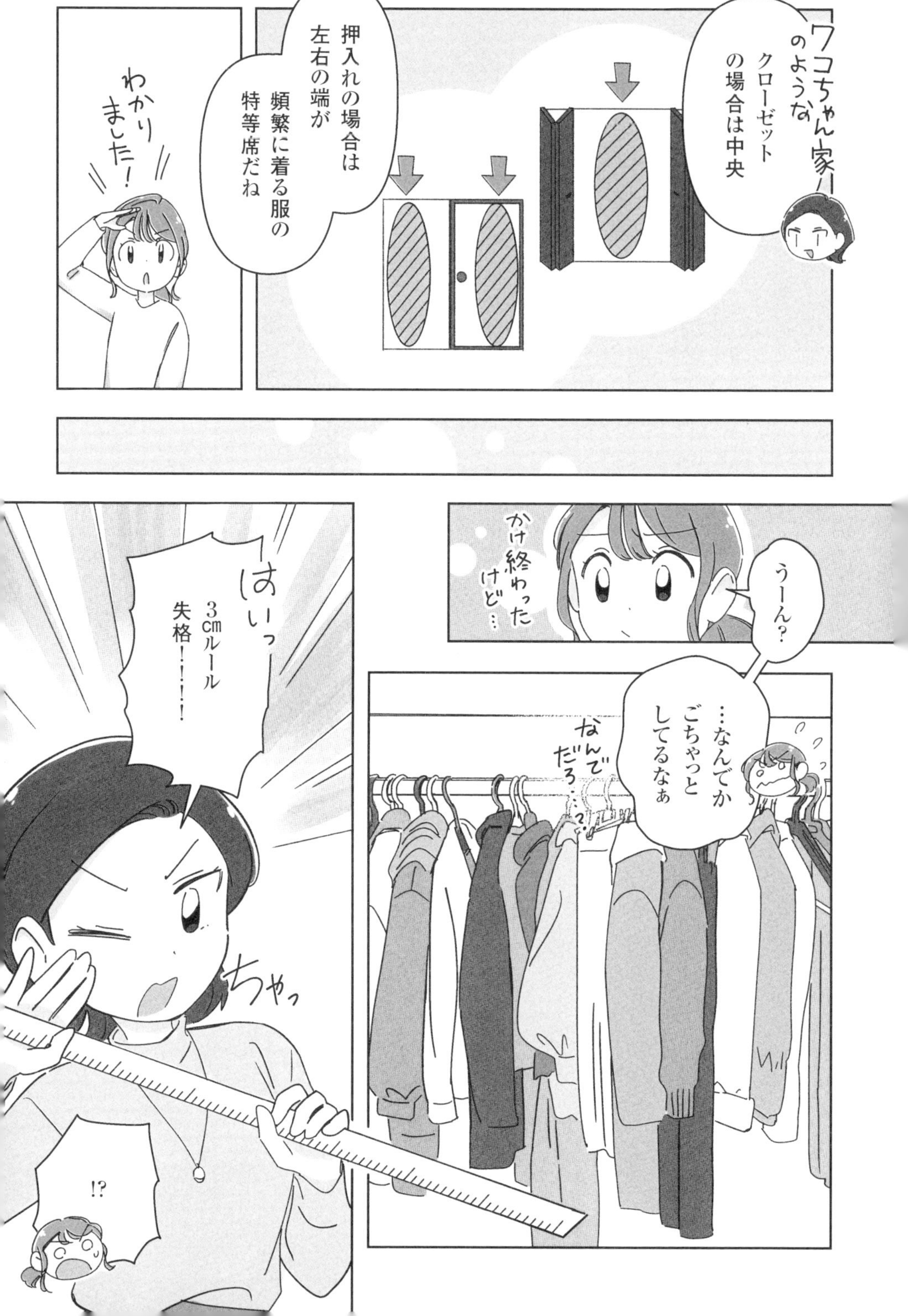
ワコちゃん家のようなクローゼットの場合は中央
押入れの場合は左右の端が頻繁に着る服の特等席だね
わかりました！
かけ終わったけど…
うーん？
…なんでかごちゃっとしてるなぁ
なんでだろ…？
はいっ
3㎝ルール失格!!!!
ちゃっ
!?

東大スイッチON!
3cmルールとは!?
ずばり
服と服の間の間隔のこと!
人の手の厚みは約1・5cm
3cmずつ間を空けることで…
両手を入れても左右の服に触れず
衣類がスムーズに出し戻ししやすい
すっと出して～すっと戻せる♪
各3cm!
3cmのスキマがあれば…
あいてるハンガーをとってつるすだけ
1 Action!
もしもギュウギュウだと…?
服を戻す時のアクション数が大きく変わる!
Action 1 服を両手でかき分ける
Action 2 ハンガーを探し出して服をハンガーにかける
Action 3 片手で服を押さえつつ作ったスキマにもう一方の手でハンガーをかける
両手+圧力必要=重労働!
確かに今両手入るスキマ……
無い!!
ナルホド……!

ゴチャ
ゴチャ
そしてハンガーの種類や向きがバラバラなのも統一感が出ない要因…
クリーニング屋さんのハンガーをそのまま使うのではなく細身のハンガーで統一しよう
色んな服があってもハンガーが揃ってるとスッキリ見えるよ！
使っていないハンガーは吊るさずに箱にまとめて…
必要な時探さずにサッと出せる！
ビシーッ！
これだけで一気にサマになる！

ジャージや
下着
パジャマなど
シワが気にならない
衣類はたたまず
不織布カゴにポイ
全部キッチリ
収納だと
疲れちゃう！
メリハリを
つけるのも
大事だね
ここは、
3段ボックス+
不織布カゴで
ゆる〜くいこう！
てきとーに
入れてこ〜
よーし！
さらば
洗濯物の山!!
ぽい
ぽい
ぽーいっ

季節外の服や
どうしても
捨てられない
迷い中の服は
圧縮袋で体積を
小さくして
せっ
せっ

クローゼットの
上段、枕棚などに
積んでおこう

衣替えは最高気温を
参考に行うといいよ!
最高気温の3ライン
25度
半袖と長袖
の分かれ目
20度
長袖とセーター
の分かれ目
15度
セーターと
コートの分かれ目

closet

Before

バッグ直入れ
何個持ってるっけ？
衣類はギュウギュウ。
ハンバーガー状態！
足元には段ボールも…

大量のバッグが、今にも雪崩を起こしそう……

毎朝この中から洋服を選ぶのも、至難の業だね

Wako's

After

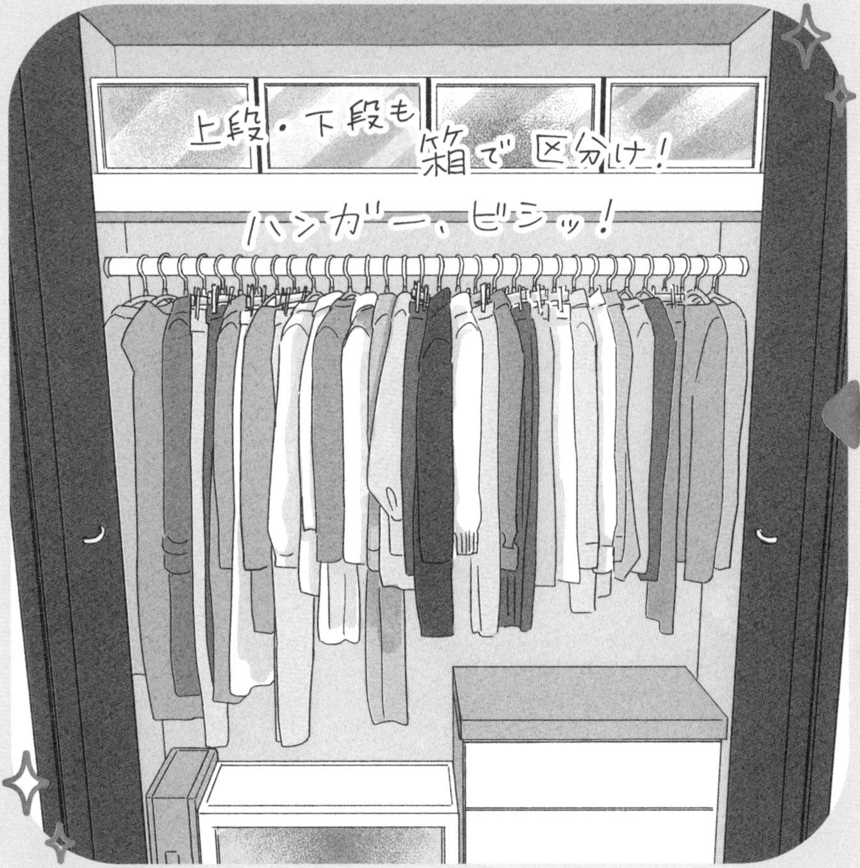

まるでアパレルショップみたいなハンガーラック！　自分の服にウキウキしちゃう！

衣装ケースもぴったりハマって、「筋肉質」という言葉が似合う空間になったね

出口の数だけ、「ズボラカゴ」

スウッ
平日の忙しい時間に
出しっぱなしにしてしまう衣類こそ
出口を作ってあげるべき存在――
ソファの上の洗濯物
ベッド横の床に落ちてるパジャマのズボン
椅子の背にかけっぱなしのジャケット
脱衣所の床に放置されたワイシャツとワンピース
けど忙しい日に完璧に片付けるなんて無理！
ですよ!!
ニヤリ
…あれ？
そこで！
週末までちょい置きできる
「ズボラカゴ」を設置しにきたってワケ！
じゃん！
なーるほど！
ズボラカゴ★素敵な響き…！
ということで出しっぱなしの衣類たちについてそれぞれ説明してもらえるかな？
ぐうっ

う〜恥ずかし…
まず洗濯物はリビングで部屋干しするんですけど
たたむのが面倒でソファに積んでました
床のズボンは暑くて脱いじゃって
洗濯するまでもう何回かはきたいんだけど
洗いたてのものと一緒にタンスにそのまま戻すのはって…
ジャケットは居酒屋のにおいが気になって干してて
脱衣所のワンピースとワイシャツは
クリーニングに持って行きたいんですけど
今週残業続きで行けそうにないんですよね…
フム
フム…
一口に「脱ぎっぱなしの服」と言っても
脱ぎっぱなしている理由は人それぞれだよね
その理由ごとにズボラカゴを置いていこう
ぞろ
ぞろ

「1回着たけれど
すぐには洗濯
しない服」は
タンスの中の
洗いたての服とは
分けて管理したいので
「ちょい脱ぎカゴ」
を設置
クリーニングに出す・
手洗いするなど
洗うひと手間がかかる服は
ランドリーカゴへ
洗濯したての
服を入れるカゴは
洗濯機と壁の隙間に！
折りたたみ式の
モノを選ぶと
普段はコンパクトに
置いておけるよ
においや花粉の
気になる衣類も
イスの背にかけず
玄関にちょいかけ用の
ポールを置くのも手かな
疲れている
平日にも
ポイっと投げるだけで
仕分けが完了する
仕組みが大事だね
嵐のようだった…
ポカーン
クリーニングや
アイロンは
時間のある週末に
まとめて処理しよう
ではまた土日に！

こめまり式！クローゼットの課題解決術

Q 服だけでなく靴やカバンも溢れてます……。

A 整理のやり方は服と同じで、「使用頻度＋使用シーン」で、細かくグルーピングをしていこう。服・カバン・靴のセットでコーディネートを作っていき、うまく組み合わせができなかったり、身体に合わないアイテムは、売る・譲るなど手放すことも検討を。

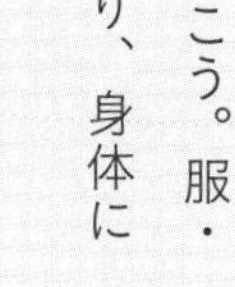

Q 来客布団がかさばって、クローゼットがいっぱいに！

A 圧縮袋でカサを減らす、ベッド下に収納する、カバーをつけてリビングでクッションとして使用するなど検討してみよう。来客が宿泊する頻度が年1回程度ならば、外部収納に預ける・コンパクトな寝袋に切り替える・レンタルサービスを利用するのも一つの手。

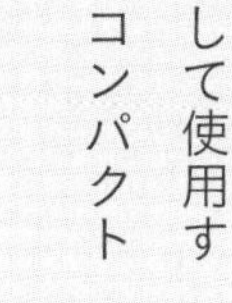

Q 洗濯物を干す・たたむ・アイロンをかける、がとにかく面倒くさい！

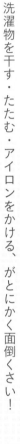

A

シワになりにくい素材の服を選ぶ、タオルや部屋着はそもそもたたまない、軽くて大きな洗濯カゴを使う、など、**洗濯にかかる手間をあらゆる角度から減らしていく**のがポイント。重めのタンスから、軽いプラスチックケースに切り替えるだけでも、洗濯物の出し入れの手間が減らせるよ。

Q

親・恋人・友人の荷物が押入れの場所を食っている……。

A

大切な人の荷物はなかなか捨てられないけれど、**来訪頻度が低いゲストの荷物は、押入れにデッドスペースを作る原因になる。**紙袋にガサっと入れたまま放置するのではなく、日常生活で使えるモノは使う、頻度が年に数回の場合は外部に預けたり本人に返すなど、極力スペースを無駄にしないよう協力してもらおう。譲り受けた遺品も、日常使いできないモノはリメイクでサイズを小さくしてみて！

第5章

「キッチン」が、片付かない！

食品も食器も、「今の自分」にちょうどいい量に

よーし今日はキッチンの片付けだ！頑張ろう！
キッチンは「食品」・「食器」・「日用品」が混在するので一気に進めると失敗のもと
3回に分けて取り組もう
賞味期限のある「食品」から取り組むと進めやすいよ
冷蔵庫・冷凍庫は一旦後回しで
まずは常温保存の食品からやってみよう！

ぐわ〜〜
すごい量！このお茶もスープも賞味期限切れてるし
PROTEIN BAR
はちみつ紅茶
NOODLE
一度「食材リセット」が必要なようだな…
ワコちゃん今月コンビニでのお菓子購入は厳禁ね
えっ
スーパーでのストック購入もストップで！
今あるストックを消費する〝サバイバル生活〟やってみよう
え〜〜〜
でも、もしもの時に備えて備蓄も必要なんですよ？
災害や体調不良で買い物に行けなくなるかもしれないし
東京都 防災
……
タプタプ
このリスト見てみな

何なに？一人暮らし女性に必要な備蓄リスト…
こういうの調べたことある？
この家にはサプリメントやお茶は山のようにあるけど
レトルトごはんや乾パンがなくて主食がカップ麺しかないね
乾燥ワカメや調味料は大量にあるけど…
レトルトカレーなどおかずになるものはほとんどない
水
水
カンパン
除菌シート
NOODLE
カレ〜!
みそ煮
もしもの時に、実際に必要なものたち！
数を把握せずに「なんとなく」多めに買っても
いざという時役に立たないよ？
ぐぬぬ…確かに…
必要な備蓄もちゃんと見直そう…

普段食べるものを多めに買っておいて備蓄と兼ねる「ローリングストック」という手法もあるけど…
…ずぼら派の人は数が分からなくなるのであまりオススメしないかな
へへっ……☆
賞味期限の長い食材をピッタリ1週間分買ってキッチンとは場所を分けてストックしよう
期限が近づいたらまとめて入れ替え！
災害時専用ストック！
水
非常用
その分キッチンの食品庫には「今、食べる予定のもの」だけを厳選！
通販サイトのスーパーセールで買い込んだサプリメント…
あ〜〜んもったいないな〜い
いつの間にか賞味期限切れてる〜
こっちはまだギリ飲める＆食べられるよっ
ティーバッグやお菓子は職場に持っていってデスクで消費してもいいね
TEA

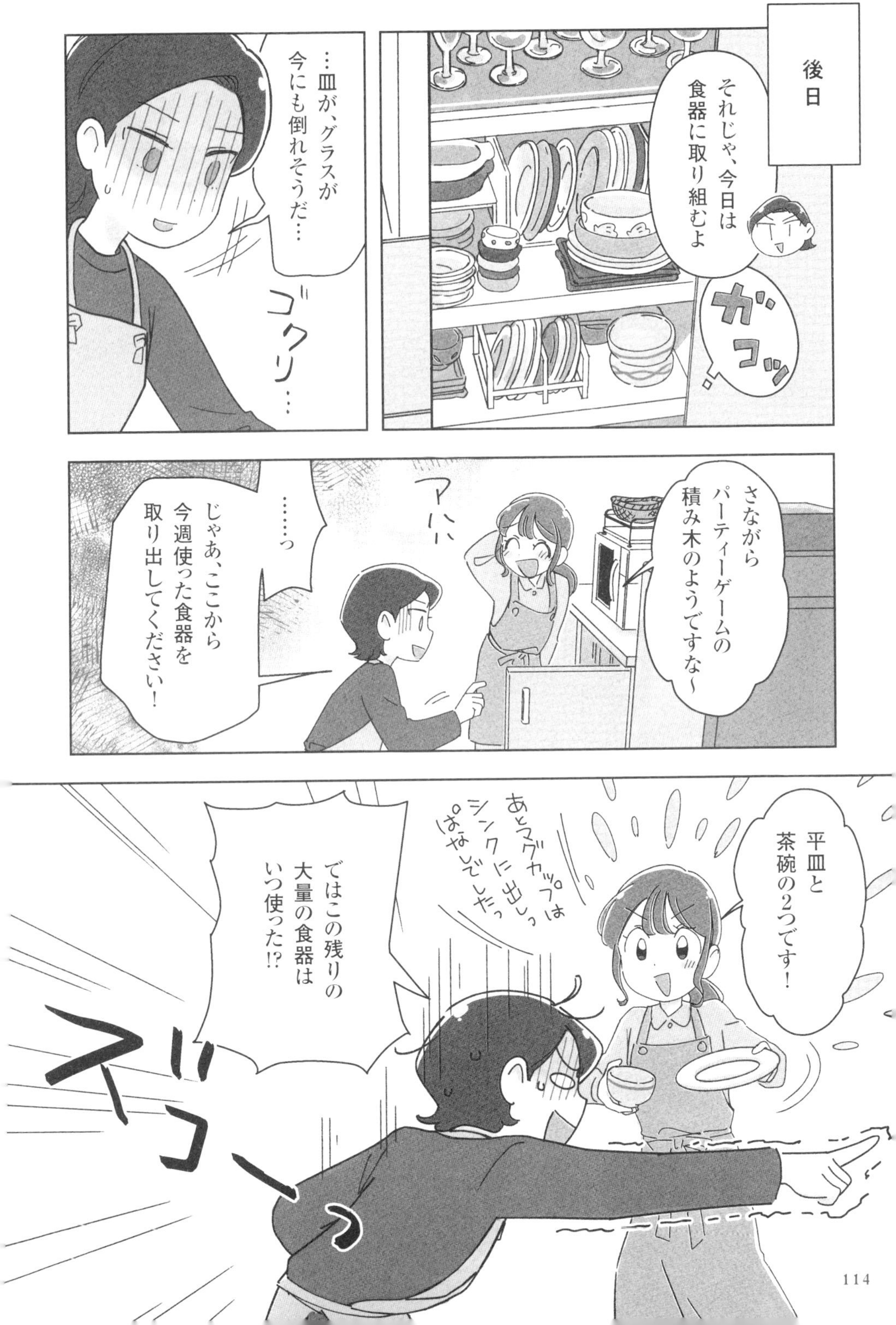
後日
それじゃ、今日は食器に取り組むよ
ガコッ
…皿が、グラスが今にも倒れそうだ…
ゴクリ…
さながらパーティーゲームの積み木のようですな～
アハハ
……っ
じゃあ、ここから今週使った食器を取り出してください！
平皿と茶碗の2つです！
あとマグカップはシンクに出しっぱなしでしたっ
ではこの残りの大量の食器はいつ使った!?
ズコーっ

うーん、来客用とか
気分をあげたい時とか…
いつ出したっけなー？
結婚式の引き出物や
お祝いでもらったり？
あっ
あとマグカップも
旅先で自分で買ったり
して集めてて～！
え？
こちらに
保管してます♪
ずらーっ
う、マグカップまで
大量に出てきた…
一人暮らしですよね？？
ある調査によると
8人に1人の女性が
ワコちゃんのように
食器をコレクション
してるみたい
東大モード
発動！
ふ～……
雑貨屋や旅先
でのフォルムへ
の「ときめき」
を求める人
ブランド食器を
ジュエリーのように
集める人……

NO
愛着があればあるほど食洗機では洗えず普段使いしづらいのが難しいポイントだよね
それでも食器見るのって楽しいんですよ
マグカップは色違いで並べたくなっちゃいますよね
手にとることでテンションが上がる食器は無理に手放す必要はないけど
食事に使わないならキッチンで眠らせる必要はないね
はっ…
枕元でエッセンシャルオイルをたらして使うとか

花びんや印鑑ケースとして玄関に飾るとか器としての使用法を考えよう
そっか！
じゃあ、
旅行のお土産にもらった豆皿ピアス置き場として脱衣所に置こうかな
用途が思いつかない大切な食器は箱に梱包して押入れへ
引っ越し作業を思い出して新聞紙に包もう
ただし！
何でもかんでも詰めていると押入れがパンクしちゃうから
本当に大切なモノに厳選してね

使うもの、来客用に保管するもの、手放すもの、
しっかり精査します！
くーっ

食器のグルーピングチャート

使うもの

毎日
- 食洗機で洗えて、シンプルなデザインの茶碗、平皿、丼、マグカップ

毎週
- 週末の晩酌で使うお猪口、グラス
- カレーを食べるときのみ使うカレー皿

年数回
- ゲスト来客時のグラス、グラタン皿

使わないもの

- 結婚式の引き出物でもらった民芸品
- お土産で買ったユニークなマグカップ
- お刺身を盛る専用の陶器
- 高級ブランドのシャンパングラス（人からのプレゼント）

まだ使える食品保存容器が、罪悪感で捨てられないあなたへ

どこの家庭の食器棚を片付けていても、突如として現れるのが「山積みの食品保存容器」。プラスチック製であれば落として割れることもないので、捨て時が分かりにくいですよね。

作り置きおかずに挑戦しようと食品保存容器のセットを一式購入したものの、「食洗機で洗えない」「スポンジで洗っても色が落ちにくい」などの理由から、使いにくさを感じている方も、少なくないでしょう。重ねて収納できるため、1つだけ捨ててもスペースは変わらず、「またいつか使うかも」という思いから一式で手放すのは躊躇してしまいますよね。

使用頻度の低い調理器具は、明確な劣化がないと、捨てるのがもったいないと感じてしまいます。バレンタインに向けて購入したクッキーの型、アウトレットモールで購入した陶器の鍋、スムージー作りに挫折したミキサー。**捨てる＝料理を諦めることと思えて、罪悪感から、料理への苦手意識がある方ほど調理器具をため込んでしまいます。**

「いきなり捨てる」が難しい方は、箱に詰めて、押入れや玄関などキッチン以外の場所で一時保管をしてみましょう。料理を始めたての友人に譲ってもいいですし、珍しい調理家電などはフリマアプリで売ってもいいですね。

「家族・友人からのもらいもので、捨てるのはしのびない……」という場合は、**期限を決めて、徹底的に使い倒してみる**。洗いにくい・ステップが煩雑など、「使いづらいな」と感じた場合は、感謝の気持ちを胸に、手放してしまうのがいいでしょう。

親・兄弟など身近な方からの贈り物ならば、正直に使いこなせなかったと報告して、お戻しするのも一つの手です。

フライパン・鍋・ポリ袋……なんでも宙に浮かせよう

あの〜
残業後の21時台に作れるもんでよろしく頼みますよ？
押忍!!
バッ
スイマセン!! 豚キム丼でお願いしやす!!!
ではいつもの豚キム丼を作る工程を振り返ろう
東大スイッチON!
最小工数・最大効果の法則
…ということで
工数とは？ … ある作業が完了するまでに必要な人数・時間のこと
最小の時間、アクション数で
最高の豚キム丼を目指そう!
豚キム丼を完成までのアクション数合計が「最小」となる
最適な定位置を見つけよう！
うわぁ脱出ゲームのミッションみたい……！
私の豚キム丼は何アクションでできあがるかな!?

ミッションスタート！
冷蔵庫から材料出して…
1
ガサゴソ
あれ生姜チューブどこだ？
2
…まな板と包丁をシンクの下から取り出して
3
フライパンはコンロ下の引き出しから
4
油は戸棚の2段目だったかな
5
料理酒は冷蔵庫の横の床にあって
6
ひょいっ
料理酒
あ〜さがしたわ〜
塩胡椒はダイニングテーブルに出しっぱなしだった…
7
ガコッ
丼は食器棚の1段目に
8
踏み台にのってよいしょ…
9
上に小鉢が載ってるからどかさなきゃだ
ガチャガチャ…
10
ピピーッ
ハイ10アクション到達〜ゲームオーバーでーす！
ぐわ〜っ

たしかに言われてみると必要なモノがあっちこっち
しゃがんだりモノをどかしたり大変だったな
第2章の洗面所で取り組んだように
毎日使うモノは「とにかく浮かす」が鉄則だよ
この「マグネット付きフック」をレンジフードやシンク上の蛍光灯にくっつけてみて
通販サイトとかで
売ってるやつ
わぁ
小さいのに強力!
ガッチリ!
毎日使い、水洗いするアイテムをどんどんかけていこう
私の家ではザル、まな板、フライパン小鍋、トング、おたまゴム手袋をひっかけているよ
おおっ
なんだか料理人になったような気分だ〜!

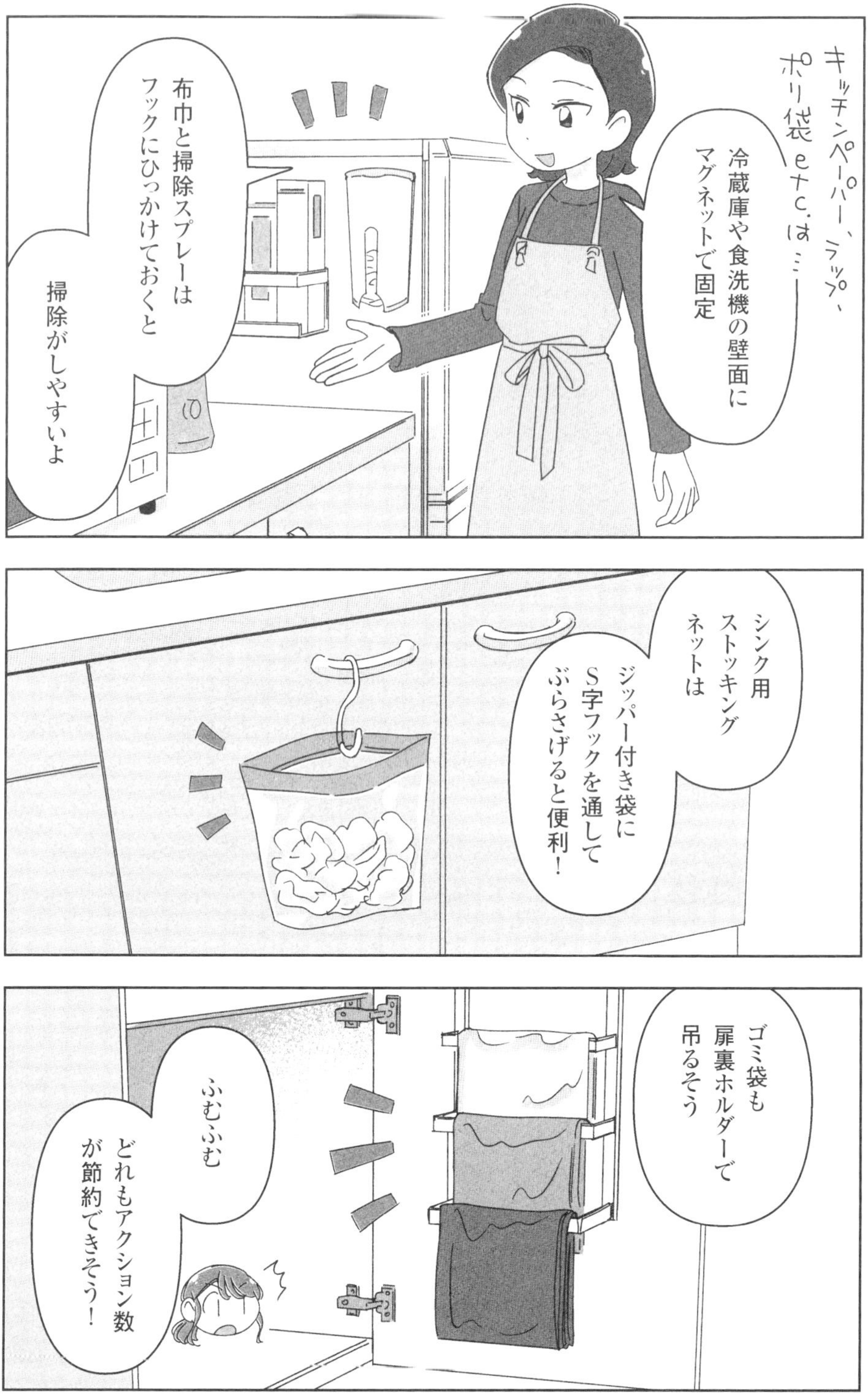
キッチンペーパー、ラップ、ポリ袋etc.は…
冷蔵庫や食洗機の壁面にマグネットで固定
布巾と掃除スプレーはフックにひっかけておくと
掃除がしやすいよ
シンク用ストッキングネットは
ジッパー付き袋にS字フックを通してぶらさげると便利！
ゴミ袋も扉裏ホルダーで吊るそう
ふむふむ
どれもアクション数が節約できそう！

頻繁に使う調味料は
コンロの近くに
カゴにまとめて
保管しよう
Cooking Salt
塩・胡椒など
キッチンでも食卓でも
使いたい場合は
同じものを使い回さず
2箇所に置くことで
無駄な動きを減らす
ことができる
冷蔵庫内で行方
不明になりがちな
薬味チューブは
百円ショップの
ポール用カーテン
クリップで吊り
下げよう
生しょうが
わさび
からし
レモン
MILK
牛丼
ワコ家
料理のスピードも
上がりそう
目指せ
早い・安い・美味い!

kitchen

Before

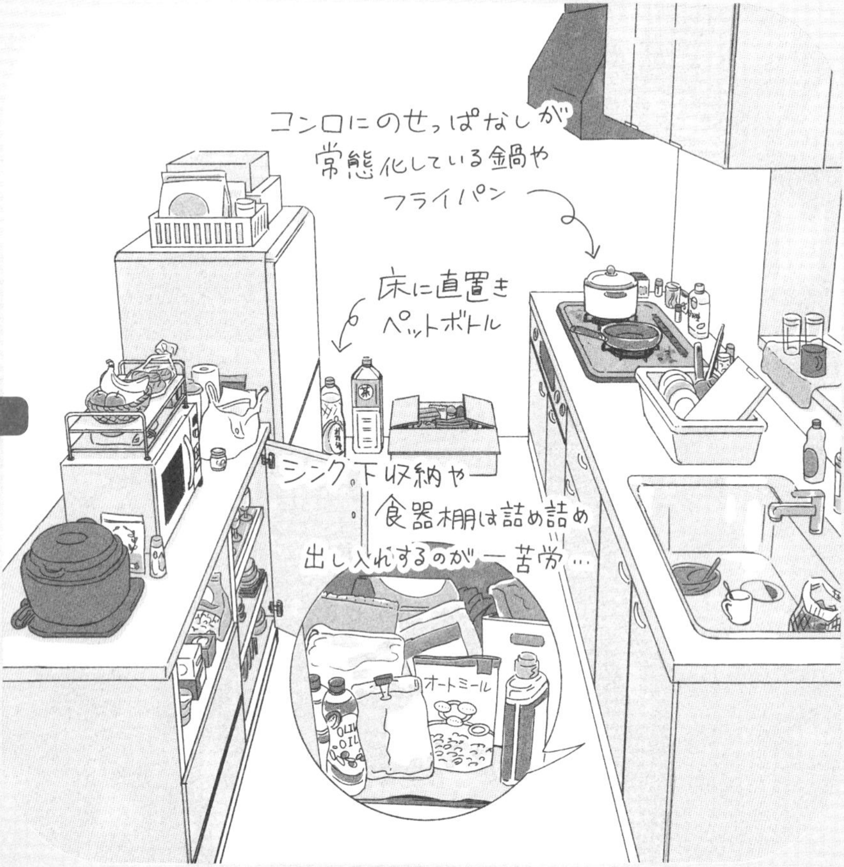
コンロにのせっぱなしが
常態化している鍋や
フライパン
床に直置き
ペットボトル
シンク下収納や
食器棚は詰め詰め
出し入れするのが一苦労…
オートミール
OLIVE OIL

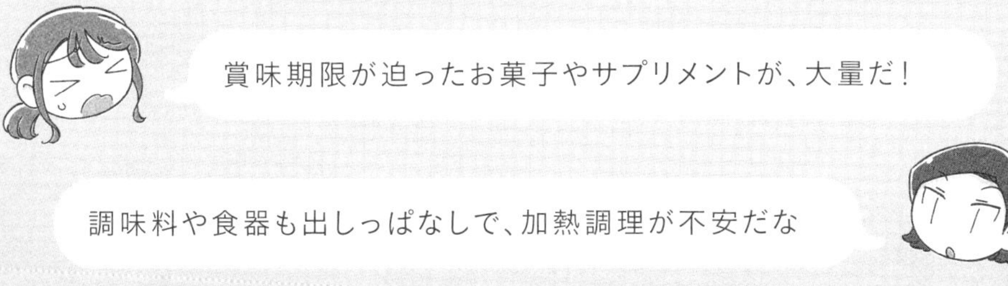
賞味期限が迫ったお菓子やサプリメントが、大量だ!
調味料や食器も出しっぱなしで、加熱調理が不安だな

Wako's After

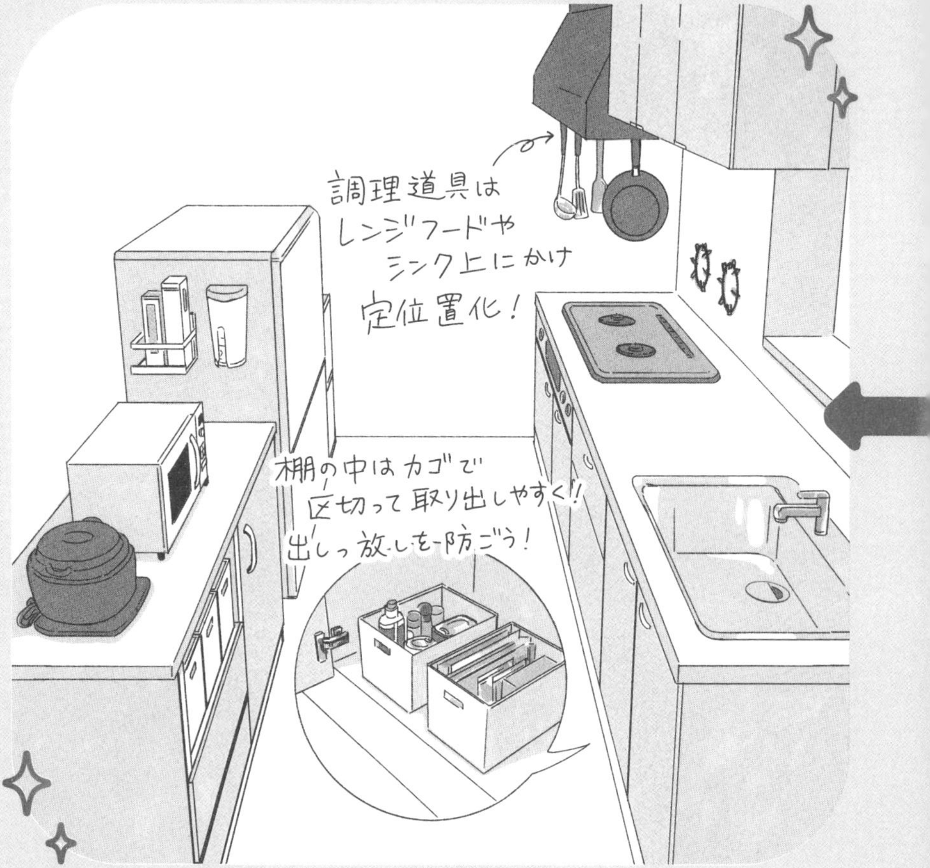
調理道具は
レンジフードや
シンク上にかけ
定位置化！
棚の中はカゴで
区切って取り出しやすく！
出しっ放しを防ごう！

この空間なら、残業後の疲れた体でも、「うどんくらいは作ろうか」と思えるな！

冷蔵庫の中を定期的に整理することで、無駄な買い物を減らしたり、過食も防げるよ

スティーブ・ジョブズもやっていたキッチンリセット

洗い物いやだ～ やりたくない～
ゴろ～ん
そうやって床に転がっていたって食器はキレイになりませんよ
皿洗いは「瞑想」と同じ効果をもたらすと言われていて
元アップルCEOのスティーブ・ジョブズやアマゾンCEOのジェフ・ベゾスも実践してるんだよ?
え～～
そんなぁ 皿洗いにやりがいを感じるなんて綺麗事だよ
どうせ3日もやれば飽きるんだから…

まあね……
皿洗いを通じて精神安定が得られるのは
広々とした空間で
目の前の皿を洗うことだけに集中している瞬間に限られる
洗い終わった食器を乾燥させる場所がなかったり
……置き場所ない
くずれそう
ガチャガチャ
回想1
キッチン台やコンロ自体が油で汚れていたり
あ〜せっかく洗ったのにっ
しまった〜っ
ベと〜
回想2
回想3
調理中に出たゴミがそこら中にあってはせっかくの瞑想効果も台無しだね
回想終了
ギク…
刺さるなぁ…

食器洗いが終わったら
作業スペースに掃除用洗剤をかけて
さっと一拭きリセット！
ガスコンロタイプの方は
コンロの五徳が取り外せる場合
毎晩取り外すと汚れが落としやすい
リセットしやすいよう
モノを出しっぱなしにしない・収納棚にも余裕を持たせるのが大切なんだ

どうしても食器洗い・乾燥が苦手ならば
モノを減らしてスペースを稼いだ上で食器洗い機を導入しよう

工事不要のタンク式なら
一人暮らしや賃貸マンションでも安心だね

一人暮らし食洗機っと
なるべく小型サイズを使って、食後すぐに回す癖をつけよう
これとか？
あ〜〜〜ボーナスの時検討しよっかな…

こめまり式！キッチンの課題解決術

Q 凝り性で、調味料をつい揃えたくなっちゃう。

A 買った後の消費スピードをシミュレーションしてみよう。たとえば、めんつゆや塩胡椒はレシピを見なくても調理に使えるけど、ガラムマサラやクミンなど珍しい調味料は、レシピを見ないと使いこなせない。今ある調味料を使い切るまで珍しいものは買わないようにしよう。

Q 通販サイトのキャンペーンが大好き。コスパ重視で大量買いしちゃう。

A 販売促進を目的としたキャンペーンは、顧客の購買単価をあげたり、集客コストを浮かせようという狙いにより行われるもの。**本来お店が行うべき商品在庫をあなたの家でやっていることになるので、よほど家が広い・店まで遠いという状況でない限り、大量買いで元を取ることはできない。**ストックは2週間で使い切れる量を限度にしよう。

Q

調理家電、新しい商品は試したい派で、気付いたら増えている……。

A

「○○専用」と謳う調理家電と美容家電は、使いこなせれば便利な反面、使いこなせず無用の長物となるケースも多数。**「レンタルサービス」で2週間お試しで使ってみるのをオススメするよ。**最新家電を定額で借り放題、というサブスクサービスもあるみたい。

Q

お酒の瓶が大量。どう保管するのがよい?

A

床に置くにも棚に置くにも、割れやすくかさばるお酒の瓶。「1ヶ月以内に飲み切れる量」に絞り、ダイニングテーブルのそばで、カゴ・棚などに一か所にまとめて保管しよう。いただき物のお酒はホームパーティやBBQなどに積極的に持っていくなどし、自分が今月飲める分だけを自宅で保管するようにしよう。

第 6 章

「リビング」が、片付かない！

リビングは収納庫じゃない！ 畳1枚分の快適スペース作り

そういえばテレビ台の下
ほとんど開けていなかったんだった…
たはー
リビングはくつろぐための場所
見過ごすとでも思った？
今すぐ使わないモノ以外何も置かない
というのをルールづけよう
むんっ
では！
リビングでの過ごし方に応じて
1点ずつ「自分軸」で整理していきますね！
まずは中身を
全部取り出すっと
テキ
パキ
!!!

リビングのグルーピングチャート
リビングで使うモノ
毎日
・ブランケット
・ヨガマット、ストレッチ用ボール
・ハンドクリーム
週1回
・爪切り
・スピーカー
なんと、ここまでの片付けを通じて自分一人でも整理ができるようになってるぅ…
ホロリ…
定位置はリビングではないものの仮置き
・部屋着、パーカーの脱いだもの
・通勤鞄
・読みかけの本
・郵便物、買ってきた日用品のレジ袋
インテリアグッズ
・フェイクグリーン
・写真立て、タイ旅行で買った置物
・洋書、インテリア雑誌（読んでない）
・アロマディフューザー、キャンドル
・応援しているアイドルのぬいぐるみ、うちわ
テレビの近くにあったもの
・アイドルのDVD
・ゲーム機、リモコン、ソフト
・充電ケーブル

服、鞄が出しっぱなしだったり、細々したインテリアだったり…
ん
リビングで活用できているモノは一部…
どんな基準で絞ったらいいかな？

東大スイッチON！
リビングで行いたい活動内容に合わせて
最適化していこう
さ
どんな活動も畳1枚分のフリースペースがあれば
ストレスなく行えるもの！
ということで
ワコちゃんのリビングでの過ごし方を振り返ってみようか
何事も分析！
ええと…
平日
21:00
帰宅
つかれたぁ～
21:45
買ってきた弁当を食べ、ベッドでスマホ動画を見ながら爆睡
23:30
慌ててシャワーを浴びる
休日
10:00
ベッドから出る
朝食
11:30
外出
女子会 ネイルに ショッピング♪
18:00
帰宅、テイクアウトした夕食
18:30
ソファに座りテレビ画面で応援しているアイドルのライブ映像を鑑賞
そのままテレビをザッピングして寝落ち
あれぇ…？
平日も休日も映像見て寝落ちしてばっかり…

まずは休日の推し活の時間大切にしたいよね…
フムフム…
ワコちゃんはアイドルの村下くんが推しなんだっけ
ぱあぁっ
はい!! 三度の飯より村下くん!!!
──OK
それじゃ、あんたの本気の鑑賞スタイル…今、見せてみな!
え…今ですか?
それかなり恥ずかしいんですけど
……
フリフリ…
うんうん!
悪くないじゃない
も──!
何なんですか!?

でも
鑑賞中のドリンクやお菓子、どこに置くわけ？
お菓子を食べて手にカスがついた時のティッシュは？
そのゴミ箱は？？
えっ…と
静かな炎が見える…？
ローテーブルはモノで埋まりがちなんで
写真立てとかアロマディフューザーとか置いてて…
ひらひら
水は飲みたくなったらキッチン行けば…
ふ〜…
……来週までにあんたなりの究極の鑑賞シアターつくっときな
インテリアは箱にしまって、一旦お預けだよ
話はそれからよっ！
バタン…
…
……何……？
おまけ
こめまり的最強鑑賞スタイル
スルメイカとスパークリング日本酒
うはははは
某ダメになるソファ
一体型ティッシュ＆ゴミ箱
フットマッサージャー
プロジェクター
（Gシャリ漫才ライブ鑑賞）
高音質スピーカー

西洋式家具は、私たちの家には大きすぎる？

日本、特に首都圏の住居はせまく、調査*によるとアメリカ人が暮らす住宅の「4割」ほどのサイズに住んでいるとか。**整理・収納の難易度はスペースと物量に比例して上がるので、アメリカ人と同じ物量を所有していては、部屋が片付かないのは当然です**。

現代では当たり前となったベッド・ソファ・大型本棚ですが、日本の一般家庭に普及したのは戦後以降。ソファや本棚は起源としては中世ヨーロッパの富裕層が、ホームパーティで自身の富を見せびらかす用途で広まったとの説もあり、せまい日本家屋には不釣り合いな家具なのかもしれません。

「なんだか部屋が狭いな」と感じたら、住居の大きさに家具のサイズが合っていない証拠。「リビングにはソファとサイドテーブルがあるべき」という固定概念は一度捨てて、大型家具のサイズダウンを検討しましょう。

1畳あれば仕事がはかどり、1畳あれば運動もはかどります。**何事も行動をするには、1畳分のス**

ペースを確保することを目安にするといいでしょう。

たとえば「テレビ台」。壁掛け型テレビスタンドに替えるだけで半畳は減らせますし、プロジェクターに替えれば1畳以上、捻出できます。

ソファをラグとクッションに替えてみる、どっしりとしたローテーブルを小ぶりなキャスター付き台に替えてみる、本棚ではなく衣装ケースに本を保管する、など、使用頻度の低いモノから順に、同じ機能で形を変えられないか検討してみましょう。

高級感・重厚感のあるタンスやチェストほど、開閉頻度が低く、中身が死蔵品化しやすいもの。1000円で買えるプラスチックチェストの方が、今の住居サイズに合っていることもありますよ。

＊「2015／2016年版 建材・住宅設備統計要覧」「統計でみる都道府県のすがた2019」

「図書館の返却台システム」で週末に楽々リセット

お、仕上がってきてるねぇ～
シー 今いいところなんで
カシャ
パシャ
カシャ
くわっ
こらぁ！
人がくつろいでるところ、なんで写真撮るんですか
悪趣味な！
ごめんて
くつろぎを第一義に捉えたのはよいとして
「散らばり」が気にならない工夫も必要だね

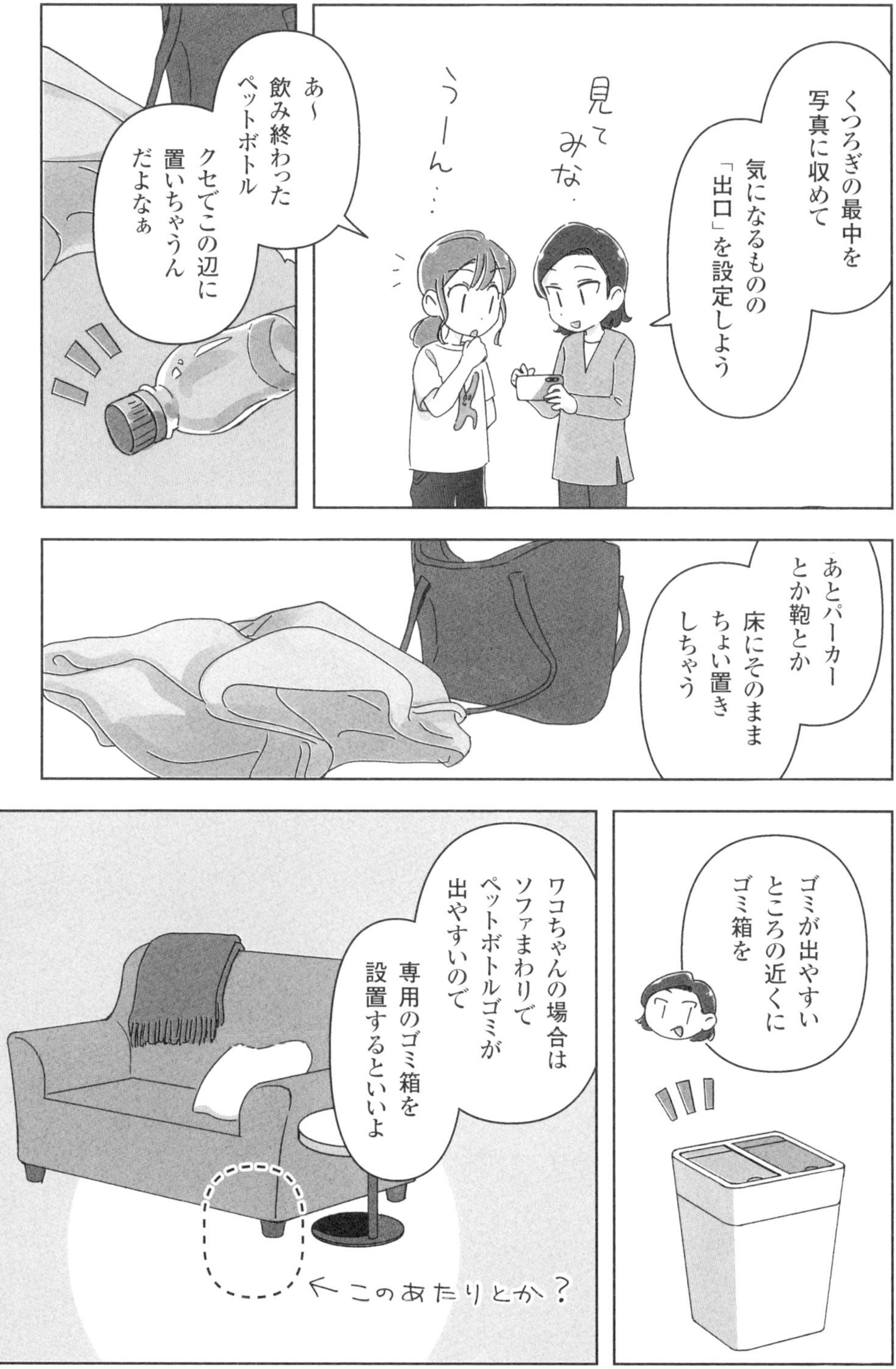
くつろぎの最中を写真に収めて
気になるものの「出口」を設定しよう
見てみな・
う〜ん…
あ〜飲み終わったペットボトル
クセでこの辺に置いちゃうんだよなぁ
あとパーカーとか鞄とか
床にそのままちょい置きしちゃう
ゴミが出やすいところの近くにゴミ箱を
ワコちゃんの場合はソファまわりでペットボトルゴミが出やすいので
専用のゴミ箱を設置するといいよ
←このあたりとか？

ラベル分別用に
プラゴミ用の袋も
あわせて
ひっかけられる
タイプのゴミ箱を
選ぼう
時間のある時に洗おう！
床にちょい置きしちゃうモノについては…
あ！
「ズボラカゴ」ですね！
そうそうズボラカゴ！
図書館の返却台と同じ要領で
リビングで使ったモノはなんでもズボラカゴに戻しておき
週末時間のある時に各部屋の定位置に戻すんだ
あとは上着や鞄か〜

回想…
平日…
*帰宅して手を洗う前に鞄・ジャケットをソファにポイ
ポイ
*買い物のレジ袋、そのまま床に
*暑くてカーディガンも脱いでソファにポイ
あっつい
*寝室に移動動画視聴しつつ寝落ち…
Zzz…
そうか!
ソファに置いてしまうモノのパターンが見えてきた
ジャケットをちょい掛けできるドアハンガーや外出鞄をかけられるフックがあるとよさそう!
ブランケットは出しっぱなしにせずペンライトやリモコンと一緒にバスケットにまとめておこう
「頑張って片付けなきゃ!」と根性論に走らず一番頑張りたくない日にも最低限続けられる仕組みを考えるのがポイントだね
すばらしい!
ふふーん

living room

Before

あまり使っていない
ワインセラーやデジタルフォトフレーム
ブランケットも
カバンもパジャマも
脱ぎっぱなし＆出しっぱなし…
インテリアや郵便物で
埋まりがちなローテーブル

インテリア的には、気に入っているけど……

「友達を呼びたい部屋」と「私が快適に過ごせる部屋」は似て非なり！

Wako's

After

推し活に
最適化!
ブルーレイ、
DVDプレイヤーや
ゲームは使う時
出し入れ
推しグッズコーナー!
あまり動かなくても、必要なモノに
手が届く配置!

最小の動きで、最高の推し活ができる!

ズボラカゴにゴミ箱。頑張らなくても、キレイな状態が維持できるね

こめまり式！リビングの課題解決術

Q

家族からもらった木製大型チェスト、リビングを占拠しているけどあまり活用しきれていません。

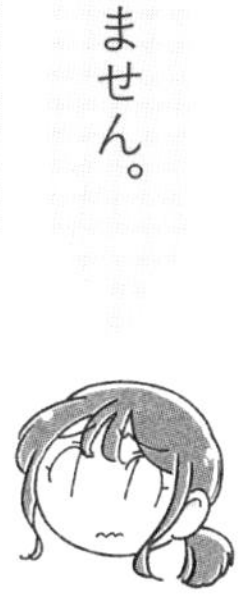

A

重厚感のあるチェストやタンスは、片付けにおいて要注意アイテム。収納容量の割に分厚く重く、古い木製の場合はトゲトゲした感触も気になってしまう。引っ越し祝いに家族から買ってもらい、何年もそのまま、というケースも。**何用か分からない時点で無用の長物。**部屋のスペースをひっ迫させているのであれば、ジモティー等で近所の方にお譲りしよう。

Q

家族が床に脱ぎ散らかした靴下にイライラ！

A

「常に床にモノを置かない」というルールは、人によっては窮屈に感じるもの。夜寝る前に、1日1回まとめて床の荷物を回収しよう。靴下など洗うものは洗濯カゴへ、毛布など部屋に置いておくものは「ズボラカゴ」へ。ポイポイとカゴに投げ入れることで、「靴下を見るたびにイラッ！」とすることはなくなります。

Q

旅先やインテリアショップで、雑貨を集めるのが趣味なのですが……。

A

「出しっぱなしのモノ」が増えるほど、掃除・片付けの難易度は上がっていく。棚の上・テーブルの上など、手が届きやすい場所をインテリアグッズで埋めてしまうと、毎日使うモノの定位置が奪われてしまうほか、ホコリがたまり衛生上も好ましくない。**置き型のグッズは1部屋に数点まで。**その他は壁につるすか、箱に詰めて保管しよう。

Q

リビングにゴミ箱はあるんだけど、なぜだか床に散らかしちゃう……。

A

ゴミを散らかしてしまう人ほど、**大きめ・フタなしのゴミ箱を、ゴミが発生する場所ごとに設置しよう。**玄関では郵便物・宅配便関連、レシートのゴミが発生しやすく、洗面所ではコットン、コンタクトレンズなどのゴミが出る。リビングでも、くつろぐソファの真横、立たずに入れられる場所にゴミ箱があった方がいいね。

第7章

「思い出の品」
「趣味の物・推しグッズ」
が、片付かない！

「思い出の品」と、どう向き合う？

え～～??
るるー
こんなに片付いたのにまだダメなところがあるんですか～
そんなー
う～ん
ところどころ「違和感」を覚える箇所が、まだあるんだよなぁ
たとえばさ
クローゼットにて
このカバンあきらかにワコちゃんの趣味じゃないよね？
このセーターも1着だけ浮いてるな…
ゴージャスワニ柄カバンに
スパンコールキラキラセーター
う…おばあちゃんからの贈り物だからこれだけは捨てられなくて…
キッチンにて
このサプリメントやドレッシングも
前回のキッチン片付けの時にはなかったよね
ん？
妙にハイスペックなスープジャーも増えてるな…
なんでそこまで覚えてるんですか

それ全部…母が残業続きの私を心配して送ってくれた仕送りなんです
うわぁ食べれるかな
コレ…
ただ……母の気持ちは嬉しいものの
いっぱい食べて体調を整えてね！
母より
今の私にはスープジャーでお弁当とか作る余裕がないんですよね…
ぐぬぬ…とするとこのティーポットもマグカップもお母さまの贈り物だな？
使用頻度が低そうな割に扱いが丁重で
ワコちゃんの趣味でもなさそうだし
なんか違和感があったんだ…
うわあぁぁ
名探偵ちょっと怖いです…
……これは5年前の誕生日にもらったもので何かの時に使えるのではと思っています
家族との思い出の品を大切にするのはよいことだけど
残しておける思い出の品には限界がある…
う——ん

そうだ、
マグカップもセーターも
普段の生活で使わないなら…
手紙や写真と一緒に
「思い出BOX」に
まとめるのはどうかな？
鉄則は1箱に
収めること
押入れやクローゼット
の上段・下段など
手の届きにくい場所に
置くのがおすすめだよ
卒業アルバムや手紙
学生時代の制服など
思い出にまつわる
アイテムはこの箱に
ひとまとめにしていこう
手紙にお土産に
ぬいぐるみに…
残しておきたい思い出
たくさんあるなぁ
ただ…
贈り物
とはいえ
新品のスープジャー
を思い出BOXに
入れるのは…
一度しまったら
二度と使わなく
なりそう

そうだね…
思い出BOXの中のものは「見て愛でる」ものに限られる
「自分軸」を意識して中身を厳選すれば人生の拠り所にもなるし
反対に中身を精査せずに突っ込んでしまえばただのガラクタ入れだ
だからって捨てるのもお母さんの気持ちを裏切るみたいで忍びない…
う〜〜
たしかに人からの贈り物を勝手に捨てたり「いらない」と突き返すのは人間誰しもつらいよね
たとえばさ「家の模様替えしてて入りきらないから一時的に預かって！」
…という頼み方でワンクッションを置いてみるのはどうだろう？

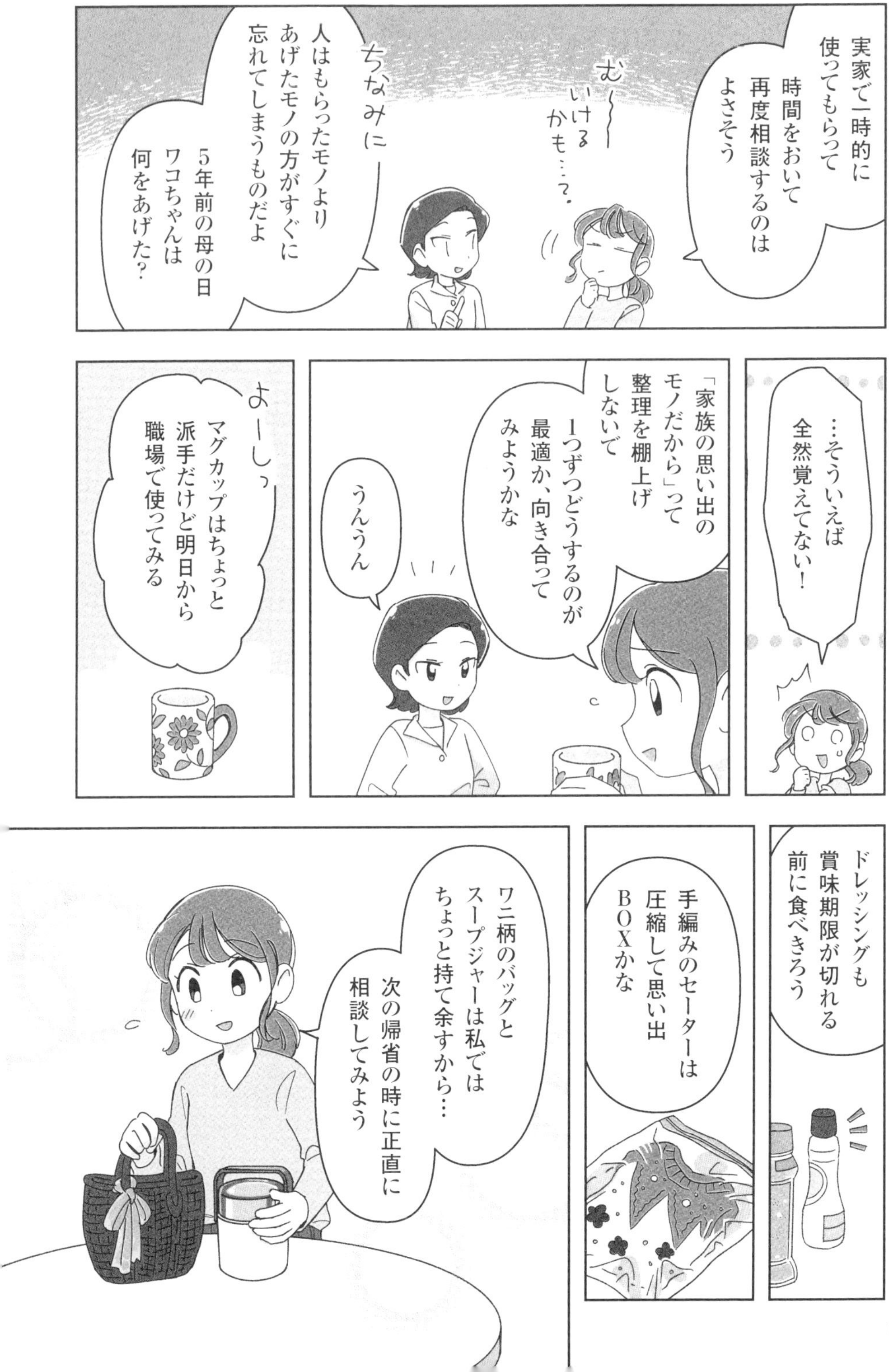

実家で一時的に使ってもらって時間をおいて再度相談するのはよさそう
むー
いけるかも…？
ちなみに
人はもらったモノよりあげたモノの方がすぐに忘れてしまうものだよ
5年前の母の日ワコちゃんは何をあげた？
…そういえば全然覚えてない！
「家族の思い出のモノだから」って整理を棚上げしないで
1つずつどうするのが最適か、向き合ってみようかな
うんうん
よーしっ
マグカップはちょっと派手だけど明日から職場で使ってみる
ドレッシングも賞味期限が切れる前に食べきろう
手編みのセーターは圧縮して思い出BOXかな
ワニ柄のバッグとスープジャーは私ではちょっと持て余すから…
次の帰省の時に正直に相談してみよう

大きすぎるモノは
リメイクしたり
使いこなせないモノは
他の親戚に譲ったり
自分も相手も気持ちよく、
をテーマに柔軟に向き
合えるといいね
今後贈り物をし合う時は
消耗品や「コト消費」に
切り替えてみてもよいかも
コンサートチケットとかね
後日
うん
お母さんの誕生日
近いし週末は帰省するよ
でね
今年はプレゼントを
買うんじゃなくて…
ミュージカルを一緒に
観に行こうと思うんだけど
どうかな?
こめまりワンポイント
大量の遺品を譲り受けた時
など時間をかけて整理して
いきたい場合は
外部収納サービスを使って
時間をかせぐのもアリだよ
短期間で「捨てる・捨てない」
を判断するのは精神的に
負担がかかるもの
一人で無理して進めず、
なるべく2人一組で、
「このモノにとって
よりよい在り方は何か?」
を考えながら進めてね

「趣味の物・推しグッズ」と、どう向き合う？

思い出BOXも作れたことだし いよいよその開かずの箱の番かな
やめて〜〜〜
これは村下くんのグッズが詰まった箱なの
これだけは捨てないんだから！
ばばばっ
ほほーう？・・
そんなに大切ならこの箱の中身、見ずに紙に書き出してみなよ
ホレ
えっと…
歴代のCDでしょ 特典DVDでしょ ライブのタオルにぬいぐるみに それから それから〜…っ
え〜っと
?
おやおやぁ？・
「我思う、ゆえに、我あり」存在を認識していないグッズは、持ってないのと一緒ですよ
い、いきなり聞かれたから答えられなかっただけじゃんか！
いじわる！

推しグッズが尊いのは
わかるけど…段ボールや
紙袋に入れっぱなしで
中身を精査しなかったら
大切に扱っている
とは言えないよ
衣替えと同じ頻度で
1点ずつ愛でて
点検をしないと…
あーっ！
見てください
これです！
このCDが
デビュー15周年の
時の限定版です！
このぬいぐるみも
めちゃめちゃ
かわいくないですか?
ほら見て下さい
なんという
可愛さ
愛おしさよ……
私4つもサイズ違いで
購入しちゃって！
この雑誌は村下くんの
インタビューだけで
4ページもあって
神回なんですよぉ
それからそれから…
ああっ
これもねっ
プレミアものでして
サイン入りなんです
家宝です
手放すとか一生
考えられないですよ
シロモ！
聞いてますか先輩!?
きゃ〜
あとこれ
…だめだ
これまでの
使用頻度での整理
ではラチがあかん
助っ人を呼んで
正解だったな
え?
インターホン
鳴らしてください
どうぞ

ピンポーン
!?!?
パッ
し、城崎さん!なぜここに?
推しグッズの整理は、同じ知識量を持つ仲間と共に行うと進みが速い!
そのため会社内で随一のアイドル知識を誇る城崎先輩をお招きした次第だ
キャ♡
どうも~~丸岡くん推しの城崎です!
ズコーっ!あんたも同じグループのファンだったんかい!
どうぞお入り下さい…!
――さて!

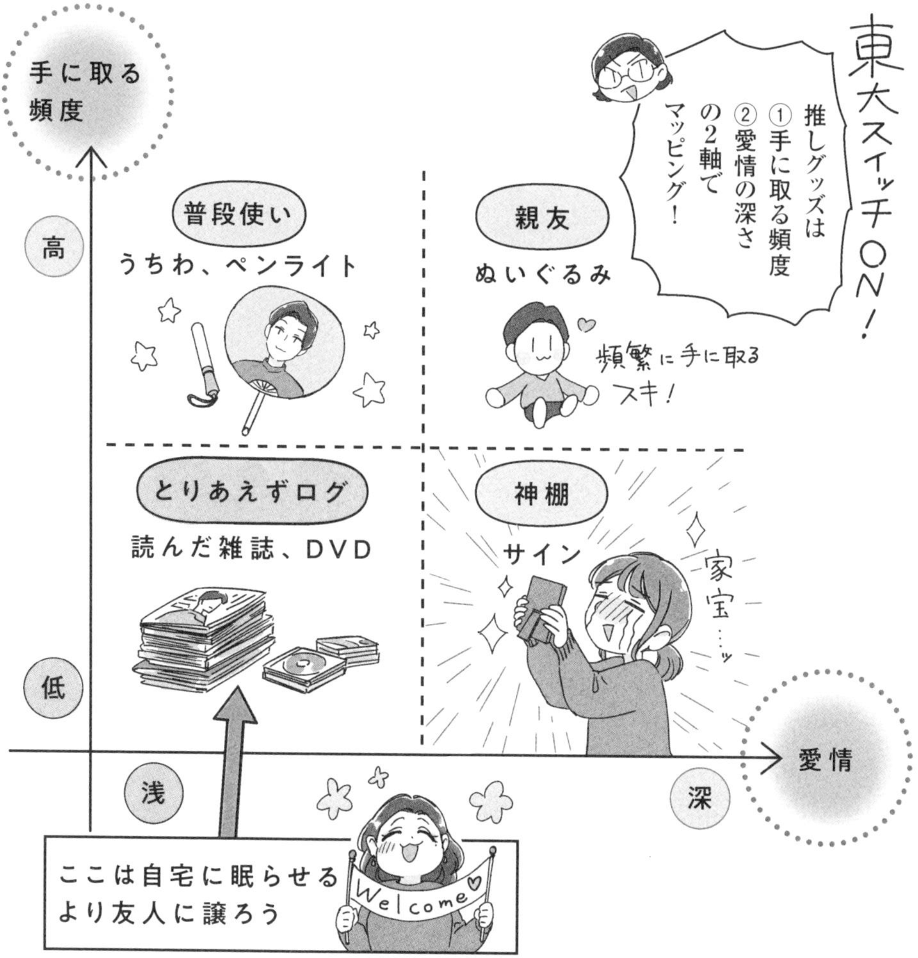
東大スイッチON!
推しグッズは
①手に取る頻度
②愛情の深さ
の2軸で
マッピング!
手に取る頻度
高
低
浅
深
愛情
普段使い
うちわ、ペンライト
親友
ぬいぐるみ
頻繁に手に取る
スキ!
とりあえずログ
読んだ雑誌、DVD
神棚
サイン
家宝……ッ
ここは自宅に眠らせる
より友人に譲ろう
Welcome

ワンポイント

・DVDはデータ化
・雑誌は切り抜き、スキャンする
・ライブTシャツ、タオルは
圧縮袋に詰める
…など、少しでもカサを
減らす工夫を!
あらー!!
この雑誌の号!

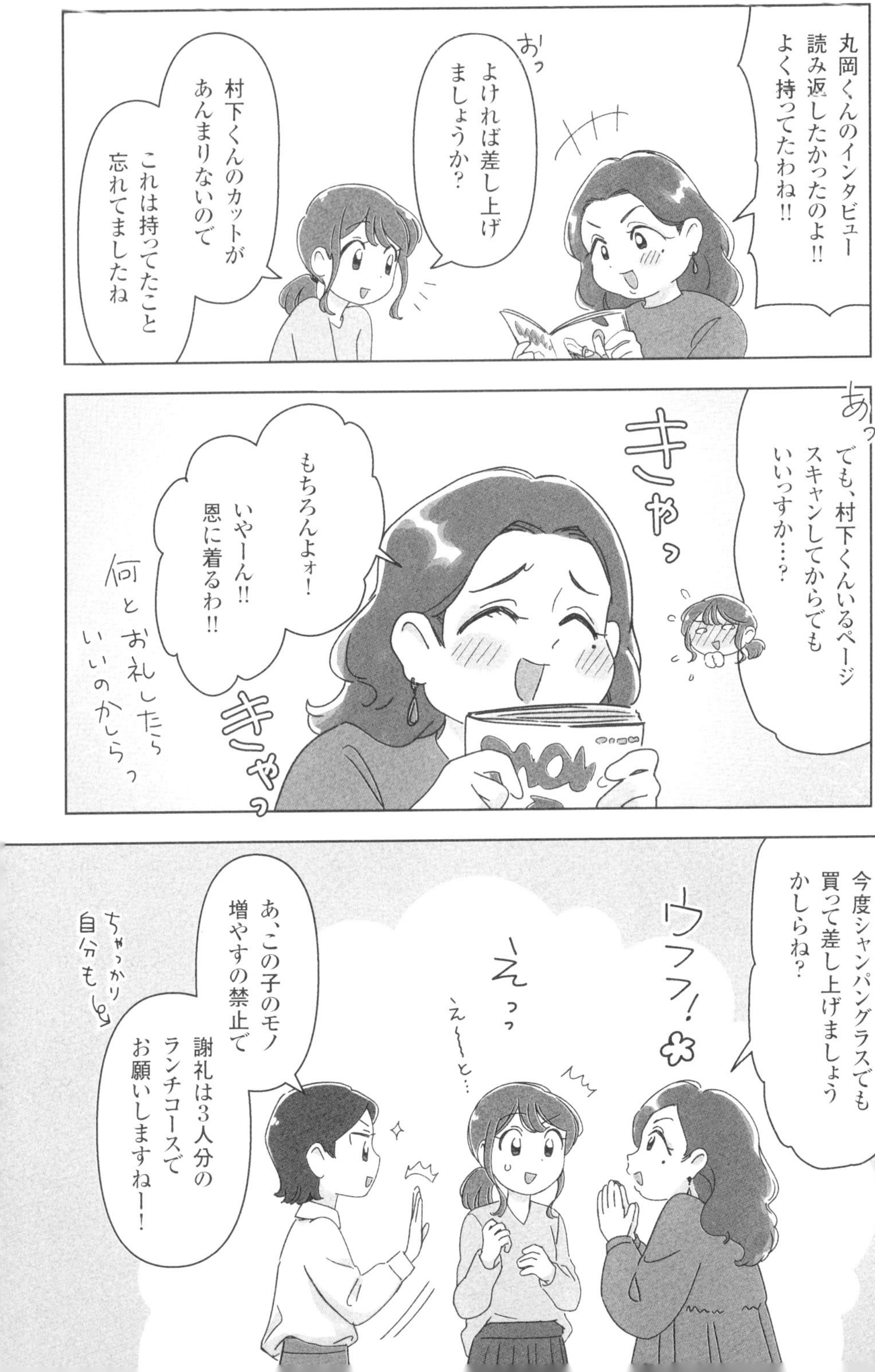
丸岡くんのインタビュー読み返したかったのよ!! よく持ってたわね!!
おっ
よければ差し上げましょうか?
村下くんのカットがあんまりないので これは持ってたこと忘れてましたね
あっ
でも、村下くんいるページスキャンしてからでもいいっすか…?
きゃっ
もちろんよォ! いやーん!! 恩に着るわ!!
きゃっ
何とお礼したらいいのかしらっ
今度シャンパングラスでも買って差し上げましょうかしらね?
ウフフ!
えっっ
え〜と…
あ、この子のモノ増やすの禁止で 謝礼は3人分のランチコースでお願いしますねー!
ちゃっかり自分も

こめまりワンポイント
ラスト!
「かさばる趣味」をお持ちの方は収納場所にもひと工夫!
キャンプグッズやスポーツ用品など
アウトドア系のモノは避難経路に気をつけつつコンテナに入れてベランダへ
野ざらしにしたくないゴルフバッグやスーツケースは
外部収納に預けたりフリマアプリで売却の上でレンタル利用に切り替えるというのも手です
なんでもかんでも趣味の物を集めてばかりだと自宅がパンクするので
「本は大量に持ちたいけど服は最小限」などメリハリをつけ、節度をもってコレクションを楽しんでくださいね!

あとがき

本書では、職場の先輩・後輩であるワコとこめまりを主人公に、家全体の片付けを進めてまいりました。ワコちゃんは架空の人物で、取材をさせていただいた多くの方からエッセンスをいただいております。取材にご協力いただいた皆様、本当にありがとうございました！　制作をいつも応援してくれる夫や両親、副業を支援してくれる会社の皆様にも、この場を借りて感謝申し上げます。

最後の第7章「推し活」は、本書の編集をご担当くださった若林さんの実際の推し活を参考にさせていただいております。若林さんのご自宅には、アイドルの人形やうちわが山のようにありまして、そのギャップに大変、驚かされました。ちなみに私の推しは銀シャリの橋本さんでございます。本書の制作過程、楽しかったです。ありがとうございました！

また、本書を漫画化してくださったもなかさん、私の書いた拙い原稿が、ワクワク・魅力溢れる登場人物の姿になっていく姿に、毎度感動しっぱなしでした！　ワコちゃんに命を吹き込んでくださり、ありがとうございました。

本書は「正攻法で、家全体を片付ける教科書」を目指しており、少々、言い方の厳しい部分がございましたが（現実世界での米田は、ここまで手厳しくございません）、1点読者の皆様にお願いがございます。1日3時間以上、片付けはしないでください。決して無理には、モノを捨てないでください。

ワコちゃんをスパルタ式に育てておいてなんですが、徹夜で一気に片付ける方式は、リバウンドにつながります。大事なモノを1つでも誤って捨ててしまうと、その反動で、新しいモノを次々に買いたくなるのです。脳をマヒさせて捨てまくる、という片付け術もナシではないですが、片付けの目的は自己肯定感を高めることに尽きます。片付けが原因で自分に自信をなくしたり、自分が嫌いになったのでは、本末転倒です。ダイエットや筋トレと同じく、習慣としてコツコツ続けて初めて、じんわりとした効果が出てきます。どうか焦らずに。モノを1つも捨てなくても、向き合う時間を持つこと自体が、尊い行為なのです。

そして「使わないけれど、愛しているモノ」も、どうか大事にしてください。日本の住宅は狭く、あいにく、使わないモノは押入れに詰め込むしか、策がありません。そのため数は絞らなくてはならないですが、絞り抜かれた「愛するグッズ」こそが、他の家とは違う、あなただけの個性です。画一的なミニマリズムだけでは、人生、面白味がありません。

どうか、あなたの個性を大切に。片付けはそのための手段にすぎないのですから。

整理収納アドバイザー　米田まりな

米田まりな（こめだ・まりな）

脚本家の祖父・研究者の父の影響を受け、茨城県・宮城県でモノに囲まれた幼少期を過ごす。2014年に東京大学経済学部卒業後、住友商事に入社し、Eコマース領域の事業投資を担当。18年より株式会社サマリーに出向、収納サービス「サマリーポケット」の運営に従事する。現在は大手不動産デベロッパーで働く傍ら、プライベートで整理収納アドバイザー（1級）の資格を活かし、副業としてイベントや雑誌監修、記事執筆など多方面で活躍中。作家・デザイナー・起業家から一般の家庭まで幅広い層に向けて片付けのコンサルティングも行なっている。日本経済新聞「NIKKEIプラス1」にて連載中。22年に一橋大学大学院にてMBA（経営学修士号）取得。著書に『でも、捨てられない人の捨てない片づけ』（ディスカヴァー・トゥエンティワン）、『集中できないのは、部屋のせい。』『あの人にイライラするのは、部屋のせい。』（ともにPHP研究所）がある。

X @komedamarina
note note.com/m_komeda

片付《かたづ》けてるのに片付《かたづ》かないので、東大卒《とうだいそつ》の整理収納《せいりしゅうのう》アドバイザーに頼《たの》んだら部屋《へや》が激変《げきへん》した

2023年11月 5 日　第1刷発行
2023年11月30日　第2刷発行

著者　米田《こめだ》まりな
発行者　佐藤 靖
発行所　大和《だいわ》書房
〒112-0014　東京都文京区関口1-33-4
電話　03-3203-4511

漫画・イラスト　もなか
作画協力　須藤むら、茶樫てる

ブックデザイン　岩永香穂（MOAI）
本文印刷　光邦
カバー印刷　歩プロセス
製本　小泉製本

ISBN978-4-479-67120-6

https://www.daiwashobo.co.jp/